PASTORAL APLICADA

ESPIRITUALIDAD Y *BURNOUT*

Guía para prevenir, acompañar y superar el *burnout*

Mari Sol Pérez Guevara

Prólogo de Javier Melloni, SJ

P P C

Diseño: Estudio SM
Cubierta: Patty Roig, *Contemplation*, acrílico sobre lienzo, 2014

© 2025, Mari Sol Pérez Guevara
© 2025, Patty Roig: http://www.pattyroig.com
© 2025, PPC, Editorial y Distribuidora, S.A.
     Impresores, 2
     Parque Empresarial Prado del Espino
     28660 Boadilla del Monte (Madrid)
     ppcedit@ppc-editorial.com
     www.ppc-editorial.com

ISBN: 978-84-288-4275-4
Depósito legal: M 9828-2025
Impreso en la UE / *Printed in EU*

A Anna-Carin Hansen, RSA y a Manuel Santamaría, SJ
con mi agradecimiento
por su sabio y paciente acompañamiento espiritual.

PRÓLOGO
DE JAVIER MELLONI, SJ

Cuando las palabras brotan de la propia experiencia, tienen un sabor inconfundible de autenticidad, de veracidad y son generadoras de vida.

Así sucede desde el comienzo con estas páginas. Del principio hasta el final, uno percibe que tienen el sello inconfundible de que la autora ha pasado por lo que describe. Y precisamente por ello lo escribe: para advertir e iluminar a partir de su propia experiencia.

En el momento en que se atraviesa una crisis, uno querría zafarse de ella, y, sin embargo, es gracias a ella que crecemos. No nos podemos saltar los pasos del propio aprendizaje.

La autora recoge todos los matices de lo que está en juego: la integración entre el ser y el hacer. Como seres humanos relacionales y más aún como cristianos, sentimos desde nuestras entrañas la llamada al servicio. Pero hay un modo de hacerlo que, sin darnos cuenta, puede llegar a destruirnos. Está claro: no se trata de fomentar una espiritualidad autocentrada ni autocomplaciente, sino de darse con consciencia, es decir, con discernimiento.

Ignacio de Loyola habla precisamente de la discreta caritas, es decir, del amor discernido. Sin discernimiento, no podemos afinar las causas ni motivaciones de nuestra entrega. Muchas veces lo que nos impulsa a darnos no es el amor, sino toda una gama que se extiende entre dos polos: por un lado, la huida de nosotros mismos llenándonos de actividades para evitar detenernos y escuchar lo que nos incomoda tener que escuchar, y, por el lado contrario, la autoimposición a darnos para sentirnos dignos de ser amados y merecer la existencia. Tanto en un polo como en el otro, nos vamos traicionando a nosotros mismos sin darnos cuenta hasta que sucede lo que describe tan fina y claramente el libro.

Mari Sol va trenzado muy sabiamente los hilos que componen los diferentes ámbitos de nuestro ser: lo corporal, lo psíquico y lo espiritual, con una mirada integradora de la totalidad de lo que somos, que, a su vez, requiere la continua interrelación entre nuestro interior y nuestro entorno, de modo que la respuesta que demos en cada momento sea la adecuada.

¿Y cómo sabemos qué es lo adecuado? Escuchando los mensajes que recibimos de los diversos niveles de nuestra existencia: las reacciones del cuerpo se manifiestan en la salud; las reacciones del psiquismo se manifiestan en el grado de paz y benevolencia o de ansiedad o de irritación, y los efectos en el espíritu expresan tal como san Pablo supo identificar tan acertadamente hace casi dos mil años: «Amor, gozo, paz, paciencia, benignidad, bondad, fe, mansedumbre y dominio de uno mismo. Contra tales cosas no hay ley» (Gal 5,22-23). Que no haya ley significa dos cosas: que no se pueden imponer y que no hay una norma general uniforme para todas las personas, sino que depende de cada cual. Por ello son tan importantes la atención y el discernimiento, cuestiones en las cuales nadie nos puede sustituir. Hay que adiestrarse en la escucha sagrada de nosotros mismos.

Uno se hace maestro a partir de la experiencia que adquiere. La maestría requiere tres cosas: experiencia, consciencia de la experiencia y capacidad de acompañar a otros a hacer su propia experiencia. Este libro está escrito por una mujer que se ha convertido en maestra gracias a su propio aprendizaje y lo ha escrito con el convencimiento que cada cual está llamado y llamada a ser maestro de su propia vida.

Tal es el fruto de una vida que ha madurado en la fe, en la entrega y en la capacidad de escucha a sí misma.

Sin duda, este libro hará bien a muchos por la claridad, concisión, honestidad y finura de espíritu con las que ha sido escrito.

PRÓLOGO DE LA AUTORA

Este libro surge de dos experiencias.

Primera: mi caída y travesía por un *burnout*.

Segunda: lo aprendido en mi propio proceso de reconstrucción les ha resultado útil a otros *burnies*[1] en su proceso de sanación. Y aún mejor, ha ayudado a personas cercanas a evitar la caída, al reconocer los primeros síntomas y abandonar el camino que les iba conduciendo al precipicio.

El propósito del libro es hacer accesible a un círculo más amplio un acompañamiento para la prevención y superación del *burnout*. Los "candidatos" al *burnout* y los *burnies* a menudo viven su sufrimiento en soledad y rodeados de incomprensión. El entorno del *burnie* intenta ayudar, aunque, con frecuencia, no posee las herramientas adecuadas para hacerlo.

Durante mi travesía, además de apoyo médico pluridisciplinar y psicológico, he recibido el enorme regalo del acompañamiento espiritual. Existen multitud de libros sobre el *burnout*, pero este es el primero que se refiere específicamente al cuidado de la vida espiritual en esta situación.

El acompañamiento espiritual para la prevención o travesía de un *burnout* no remplaza, de ninguna manera, los tratamientos médicos ni las terapias psicológicas. Pero es una dimensión necesaria en el camino de la sanación.

El *burnout* es una fractura en la biografía de la persona que lo sufre. Como fractura, es dolorosa. Pero también es la oportunidad de profundizar y de que algo nuevo surja. En esa herida también está la oportunidad de crecer en la vida espiritual, es decir, de avanzar hacia una liberación sucesiva de las imágenes que nos hemos ido haciendo de Dios y de nosotros mismos y hacia un encuentro más auténtico con Él.

Escribo desde mi experiencia de vida y de fe en la tradición cristiana, pero con la intención de que estas páginas puedan llegar no solo a cristianos más o menos practicantes, sino también a toda persona en búsqueda de sentido y de espiritualidad.

Un consejo de lectura: empezad a leer por donde os apetezca, saltad las partes que no os atraigan y profundizad y comentad con otras personas las

---

[1] Con la palabra *burnie* me refiero a una persona en situación de *burnout*.

partes que tienen sentido para vosotros. Leed poco a poco y tomad el tiempo de practicar los ejercicios y de seguir las pistas para la oración. Adaptad con creatividad todas las propuesta a vuestra manera, escuchando qué es lo que más ayuda en este momento.

INTRODUCCIÓN

1. ¿Qué es el *burnout*?

El *burnout* es un síndrome, es decir, un conjunto de síntomas. Van apareciendo progresivamente, pero normalmente el candidato a *burnie* los ignora. En vez de interrogarse sobre la causa de esos síntomas, aumenta aún más su actividad para compensar su pérdida de capacidades, consumiendo de manera acelerada sus reservas de energía vital. Hasta el momento del colapso o estallido del *burnout*. Es como si el cuerpo fuera apagando pequeños interruptores para alertarnos de que estamos viviendo de manera no sostenible. Ante nuestra falta de reacción a estos pequeños apagones de luz, el cuerpo hace saltar los plomos y provoca un apagón general. Es el último recurso de nuestro cuerpo para salvarnos de una manera autodestructiva de comportarnos con nosotros mismos. El apagón general es un estado de agotamiento físico, mental y emocional que llega como un tsunami. Cuando ocurre, la única opción posible son meses o años de descanso, de replantearnos prioridades y de lenta reconstrucción de la salud perdida.

El *burnout* es la enfermedad del darse, cuando este darse es desmedido. Así es como lo define el sacerdote y psicólogo francés Pascal Ide[2]. El *burnout* golpea, en general, a personas comprometidas, responsables, con altos ideales, apasionadas por su trabajo, empáticas y generosas, pero que no han sido conscientes de sus límites y que se han desconectado de sus necesidades vitales. Personas disponibles para los otros todo el tiempo, incapaces de decir "no" y siempre dispuestas a asumir nuevas responsabilidades y proyectos. Es decir, los "buena gente" y los desbordantes de energía.

Pero atención: el *burnout* está causado por una multitud de factores y no es solo la consecuencia de la personalidad del individuo. Factores externos como la cultura competitiva o jerárquica de la organización donde se trabaja, la falta de reconocimiento al esfuerzo o haber sido víctima de un perverso narcisista pueden ser causas desencadenantes de un *burnout*. El hecho de que la cifra de *burnout*s haya explotado en la última década también hace

---

[2] P. IDE, "Le burn-out, une maladie du don". Bruselas, Nouvelle Revue Théologique, 2015.

pensar que la hiperconectividad digital en la que estamos inmersos es también un factor de riesgo. Es importante afirmarlo una y otra vez: El *burnie* no tiene la culpa de lo que le ocurre. Nadie es culpable de su enfermedad. Pero el *burnie* sí tiene la responsabilidad de aceptar su estado e iniciar una travesía que le llevará, sin duda, a un mejor conocimiento de sí mismo y a una redefinición de sus opciones de vida. La pregunta clave no es "por qué me ha tocado la papeleta del *burnout*", sino "qué hacer de la situación que estoy viviendo".

2. Prevención del *burnout*

a) El burnout *existe*

El primer paso para prevenir un *burnout* es ser consciente de que el *burnout* existe y de que cualquier persona puede ser víctima de él. Desconocido hasta hace unas décadas, o tal vez diagnosticado como depresión u otra enfermedad, en 2019 fue incluido en la Clasificación Internacional de Enfermedades de la Organización Mundial de la Salud[3].

b) Reconocer los síntomas

El segundo paso es estar al corriente de los síntomas, de esos pequeños apagones de luz con los que el cuerpo nos alerta, para poder reconocerlos. Un requisito para esto es tener consciencia del estado del cuerpo y de sus necesitades. Los candidatos a *burnie* se han ido desconectando de su cuerpo y de sus necesidades desde tiempo atrás, lo que les dificulta darse cuenta de los "pilotos rojos" que su cuerpo va encendiendo. Reconocer los primeros síntomas, pararse y consultar a tiempo a un profesional de la salud formado en *burnout* nos salvará de la caída.

Propongo una lista no exhaustiva de los síntomas más corrientes. Algunos de los síntomas pueden pertenecer a otras patologías, por lo que es importante descartarlas con ayuda médica.

---

[3] https://www.who.int/news/item/28-05-2019-burn-out-an-occupational-phenomenon-international-classification-of-diseases.

- *Cuerpo*
  - Cansancio desproporcionado tras una actividad que antes no nos cansaba.
  - Descanso no reparador.
  - Dolores o contracciones musculares que no tienen una explicación fisiológica.
  - Dolor de cabeza o migrañas, especialmente tras un esfuerzo intelectual o emocional.
  - Acúfenos.
  - Mareos para los que no se encuentra una explicación médica.
  - Tensión arterial alta.
  - Intolerancias alimenticias.
  - Reacciones cutáneas.
- *Mundo emocional*
  - Tristeza sin causa directa.
  - Llorar sin causa.
  - Hiperemotividad.
- *Mundo intelectual*
  - Olvidos de nombres de personas o de objetos comunes.
  - Incapacidad para retener en la memoria una información sencilla (como un código bancario de cuatro cifras).
  - Incapacidad para recordar lo que se acaba de hacer.
  - Hipervigilancia (reacción excesiva a estímulos exteriores, como una voz alta o luz).
  - Dificultad para permanecer en lugares con muchos estímulos, como supermercados o aeropuertos.
  - Dificultad para mantener la atención, dificultad para mirar imágenes en movimiento en una pantalla, incapacidad para comprender un texto escrito.
  - "Niebla" mental: es un estado en el que la mente siente confusión, como una bruma que dificulta pensar con claridad.
- *Sueño*
  - Despertarse durante la noche, normalmente en mitad de una pesadilla relacionada con alguno de los temas que preocupan.
  - Dificultad para volver a conciliar el sueño, porque la mente gira de manera acelerada e inquieta. A menudo, son pensamientos circulares, que llevan al punto de origen sin haber encontrado una solución.

- *Mundo psicológico*
  - Caída de la autoestima.
  - Idea de suicidio: la mente agotada propone el suicidio como salida. En este caso, es urgente consultar un médico y alejarse de la fuente de estrés.

**Ejercicio: lista de chequeo de los síntomas
del burnout y su evaluación**

Preparar una lista sobre el estado corporal, psicológico y mental siguiendo los síntomas propuestos. Durante un momento sosegado o un paseo, recorrer cada uno de los aspectos propuestos y puntuarlos de 1 a 5, según el estado en que nos encontremos (1-muy mal, 5-muy bien). Lo ideal sería compartir el resultado de nuestra lista de chequeo con un profesional de la salud. Esta lista nos ayudará también a evaluar nuestra evolución.

---

c) *Desgaste y recarga de energía vital*

Podríamos describir el *burnout* como una enfermedad de la energía vital. Como si hubiéramos perdido la energía que necesitamos para ponernos en movimiento, concentrarnos, reaccionar a una situación complicada, prestar atención a una conversación... Como si hubiéramos gastado todo nuestro combustible y, aunque intentamos poner el motor de nuestro coche en marcha porque tenemos un viaje planeado, al motor no le llega la gasolina. Muchos *burnies* describen esta pérdida de energía como la sensación de tener que escalar una montaña cuando la acción es tan simple como buscar un vaso de agua en la cocina.

A esta situación de agotamiento no se llega de repente. Se llega tras meses o años gastando nuestro "combustible" sin asegurarnos de repostar. Una imagen gráfica es una pila recargable. Es normal que el trabajo, las ocupaciones familiares, el voluntariado, nuestro afán de llegar a todo y de hacerlo todo bien descarguen nuestra pila. Un estilo de vida equilibrado permite recargar esa pila y volver al nivel normal de energía de manera regular (con descanso, paseos, desconexión digital...). Un estilo de vida en el que hay un desequilibrio entre el desgaste de energía y la recarga lleva de manera segura y a medio plazo al *burnout*.

ES NECESARIO RECARGAR

**Ejercicio: lista de chequeo
de mis gastos y mis recargas de energía**

Preparar una lista de aquello en lo que gasto mi energía: actividades, relaciones, situaciones conflictivas, mi manera de reaccionar ante determinadas circunstancias...

Preparar una lista de aquello que recarga mi energía, aquello que es fuente de satisfacción: descanso, desconexión digital, tiempo compartido con personas que me hacen bien, silencio, naturaleza, actividad creativa...

Las listas son totalmente subjetivas, pues algo que para una persona puede ser un enorme desgaste de energía para otra puede ser una fuente de energía.

Una vez identificados los flujos de entrada y salida de energía, tomar un tiempo de reflexión consigo mismo: ¿es sostenible mi estilo de vida en términos de energía vital?

En caso de respuesta negativa: ¿Qué flujos de salida de energía puedo reducir de manera realista? ¿Qué flujos de entrada de energía puedo potenciar de manera realista, una vez al día o una vez a la semana?

---

3. ¿Y qué tiene que ver la espiritualidad cristiana en todo esto?

Existe una variedad de guías sobre cómo superar un *burnout* escritos por *exburnies*[4]. El libro de referencia en lengua francesa, incluso para los profesionales de la salud, es *Guide du burn-out. Comment l'éviter, comment en sortir*

---

[4] Con el término *exburnie* designo aquellas personas que han superado el *burnout*.

(*Guía del burnout. Cómo evitarlo, cómo superarlo*) de Anne Everard[5]. También existen grupos de autoayuda de pacientes, que reúnen a miles de personas[6] y que son una mina de experiencias y consejos.

Todos los consejos de *exburnies* van en la misma dirección: adoptar una nueva filosofía de vida. Esta filosofía de vida consiste en aceptación de lo que está ocurriendo, reconocimiento y respeto de los propios límites, reconexión con el cuerpo y las emociones, silencio, meditación, contacto con la naturaleza, reorganización de prioridades, renuncia a ir más allá de lo que nuestra capacidad nos permite, trabajar la libertad interior para poder elegir a qué decir sí y a qué decir no, reconstrucción de la autoestima, dar prioridad al ser sobre el hacer, vivir el instante presente, vivir en actitud de dar gracias y apreciar cada don de vida recibido por pequeño que sea, cuidado del cuerpo... Podríamos resumir diciendo que prevenir y superar el *burnout* pasa por una conversión a una nueva manera de relacionarse consigo mismo y con el mundo. Para muchas personas se trata de un paso hacia el descubrimiento de una espiritualidad laica, de la búsqueda del sentido profundo de la existencia, pero sin relación a la transcendencia. La emergencia de una espiritualidad laica es un fenómeno contemporáneo. El psiquiatra y escritor François Bourgognon[7] expone en su libro *Ne laissez pas votre vie se terminer vant même de l'avoir commencée* (*No deje que su vida termine antes de haber comenzado*) un método para acompañar a personas en situación de enfermedad grave desde este tipo de espiritualidad sin Dios. Es, sin duda, un acompañamiento que puede dar sentido al dolor y ayudar a muchas personas.

A la vez, para un creyente cristiano o para una persona en búsqueda de trascendencia, todos estos consejos adquieren otra dimensión si se enraízan en la riquísima tradición espiritual judeocristiana. Este libro propone 15 pistas o consejos espirituales que cada persona puede ir descubriendo, redescubriendo o experimentando. O en las que el acompañante espiritual puede inspirarse.

---

[5] A. EVERARD, *Guide du burn-out. París,* Albin Michel, 2017.

[6] Por ejemplo, el grupo Burn-Out Belgique-France, creado por Anne Everard en Facebook, cuenta con casi 4000 miembros.

[7] https://francois-bourgognon.fr.

1

QUINCE PISTAS
O CONSEJOS ESPIRITUALES

1. El descanso del séptimo día de la Creación. La sabiduría milenaria del *Sabbath*

> *Y habiendo concluido el día séptimo la obra que había hecho,*
> *descansó el día séptimo de toda la obra que había hecho.*
> *Y bendijo Dios el día séptimo y lo consagró, porque en él*
> *descansó de toda la obra que Dios había hecho cuando creó.*
> *(Gn 2,2-3)*

> *Durante seis días trabajarás y harás todas tus tareas,*
> *pero el día séptimo es día de descanso, consagrado al Señor,*
> *tu Dios. No harás trabajo alguno, ni tú, ni tu hijo,*
> *ni tu hija, ni tu esclavo, ni tu esclava, ni tu buey, ni tu asno,*
> *ni tu ganado, ni el emigrante que reside en tus ciudades,*
> *para que descansen, como tú, tu esclavo y tu esclavo.*
> *(Dt 5,13-14)*

> *El domingo es el día de la Resurrección, el "primer día"*
> *de la nueva creación, cuya primicia es la humanidad resucitada*
> *del Señor, garantía de la transfiguración final de toda*
> *la realidad creada. Además, ese día anuncia "el descanso eterno*
> *del hombre en Dios". De este modo, la espiritualidad cristiana*
> *incorpora el valor del descanso y de la fiesta. El ser humano tiende*
> *a reducir el descanso contemplativo al ámbito de lo infecundo*
> *o innecesario, olvidando que así se quita a la obra*
> *que se realiza lo más importante: su sentido. Estamos llamados*
> *a incluir en nuestro obrar una dimensión receptiva y gratuita,*
> *que es algo diferente de un mero no hacer. Se trata de otra manera*
> *de obrar que forma parte de nuestra esencia. De ese modo,*
> *la acción humana es preservada no únicamente del activismo vacío,*

sino también del desenfreno voraz y de la conciencia aislada
que lleva a perseguir solo el beneficio personal. La ley del descanso
semanal imponía abstenerse del trabajo el séptimo día
«para que reposen tu buey y tu asno y puedan respirar
el hijo de tu esclava y el emigrante» (Ex 23,12).
Encíclica Laudato Si'[8], *párrafo 237*

El descanso es una práctica espiritual. Repito: el descanso es una práctica espiritual. Tan necesario para el cuerpo como para el espíritu. Una práctica grabada en piedra en la religión judía. Y también en el ADN cristiano de la celebración dominical.

Sin embargo, la aceleración de los tiempos y de la productividad en nuestras sociedades nos ha llevado a ver el descanso como una pérdida de tiempo. Incluso el tiempo de ocio se presenta como "ocio activo", que además exponemos en redes sociales. El nuevo paradigma es estar ocupado, muy ocupado y todo el tiempo.

Las generaciones anteriores estaban obligadas a respetar los ritmos del día y la noche, de las estaciones. El descanso era la única opción en las noches sin luz eléctrica. Dormir ocupaba los tiempos sin luz en vez de series, videojuegos y contestar correos. Los relojes de sol mantienen la memoria de ese tiempo con la máxima que llevan inscrita: *Sine sole sileo*[9] (cuando no hay sol, me callo).

En nuestra sociedad, la desconexión y el descanso requieren, de manera paradójica, un esfuerzo, una toma de consciencia y una acción. Todo nos empuja en el sentido contrario. La "economía de la atención" es el modelo de negocio con el que funcionan las redes sociales. Su objetivo es mantenernos la mayor cantidad de tiempo posible "enganchados", porque nuestra atención tiene un valor económico con el que comercian los anunciantes globales. El no ser productivo todo el tiempo está mal visto. Y no se trata solo del trabajo, de responder correos los fines de semana. También de los compromisos en la parroquia, en los movimientos, llevar a los niños a las actividades postescolares, planificar viajes, vida cultural... Cada uno podemos continuar esta lista sin fin. "No hacer nada" es contracultural.

---

[8] https://www.vatican.va/content/francesco/es/encyclicals/documents/papa-francesco_2015 0524_enciclica-laudato-si.html.

[9] https://opusdei.org/es/article/sine-sole-sileo-cansancio-y-descanso-i.

a) Para los candidatos a burnies

En primer lugar, felicítate por haber encontrado un hueco en tus ocupaciones para ofrecerte esta lectura, por este primer paso para tomar distancia y reflexionar.

Ejercicio: balance actividad-descanso

Recorre un día de tu vida y anota cuánto tiempo dedicas a la actividad y cuánto al descanso y a la desconexión digital.

Recorre una semana y anota las franjas de al menos 3 horas que dedicas al descanso y a la desconexión digital.

En conversación contigo mismo: ¿hay un equilibrio entre tu actividad y tu descanso? ¿Qué actividades o autoexigencias puedes borrar de tu agenda para dejar unas horas totalmente en blanco cada semana?

Ciertamente, hay etapas de la vida en las que la actividad se impone: un nuevo trabajo, hijos pequeños, padres mayores, cuidado de una persona con discapacidad... En estas situaciones, es aún más necesario asegurarse un tiempo de recuperación de la energía. Especialistas en la gestión del estrés recomiendan introducir "microdescansos" de 10 minutos a lo largo del día. 10 minutos de toma de consciencia del cuerpo, de sus tensiones, de simplemente prestar atención consciente a la respiración. De la misma manera que nuestra mente es capaz de presentarnos situaciones terribles que, aunque nunca ocurrirán, nos roban la paz, también puede generar imágenes o situaciones que nos devuelvan la alegría y el sentido.

Propongo un ejercicio de "microdescanso", para realizar a media mañana y a media tarde (o en el momento que convenga, pero con preferencia en un momento que hayamos fijado de antemano).

Ejercicio de microdescanso

Me siento cerca del borde de la silla con ambos pies bien apoyados en el suelo, la espalda recta, las manos apoyadas en los muslos.

Cierro los ojos y recorro los puntos de contacto de mi cuerpo con el suelo, con la silla. También siento el contacto entre mis labios y el contacto

---

entre mis párpados. Me aseguro de que mi mandíbula está relajada. Puedo abrir ligeramente la boca.

Llevo la atención a la respiración, allí donde me sea más fácil sentirla: en la nariz, en el fondo de la garganta, en el tórax que sube y baja, en el abdomen que se expande y se contrae. No intento cambiar el ritmo de la respiración, solo la observo.

Visualizo una escalera con 10 peldaños. Me veo bajar uno a uno los peldaños. Un peldaño con cada espiración. Los voy contando. Al final de la escalera me espera un lugar en la naturaleza que tengo grabado en mi memoria. Recuerdo el color predominante, la temperatura, los olores, el tacto. Siento el descanso.

Tras unos minutos, vuelvo a subir la escalera, peldaño a peldaño, con cada espiración.

Llevo la atención a mi respiración. Después, a los puntos de contacto con la silla y el suelo. Visualizo la habitación donde estoy. Abro los ojos. Bostezo y me estiro.

Aunque el sacerdote y psicólogo Pascal Ide insiste en que rezar no es descansar, me atrevo a proponer el rezo del Ángelus[10] a las 12 del mediodía como un "microdescanso". Es la oportunidad de ofrecerse unos minutos de "desconexión" de lo inmediato y de llevar la mirada a lo más amplio, a la conexión con el misterio central de la fe cristiana, la Encarnación. En "conexión" con todas las personas que en ese momento preciso oran con las mismas palabras. Es la oportunidad para acercarse a una ventana o salir a la calle y con suerte, escuchar unas campanas. Recordemos el cuadro del Ángelus de Jean-François Millet[11], donde todo se detiene durante unos minutos de contemplación.

*　*　*

12 m.

Al abrir una ventana a mediodía
tres tañidos inundan de infinito unos instantes:

---

[10] https://www.vaticannews.va/es/oraciones/angelus.html.
[11] https://fr.wikipedia.org/wiki/L%27Ang%C3%A9lus.

por obra
>   hágase
>   se hizo.

Después, cerramos la ventana y seguimos nuestra marcha,
sorprendidos aún por el Misterio
que habita
>   entre
>   nosotros.

b) *Para los* burnies

El descanso es la única actividad posible para los *burnies* en los primeros días o semanas tras el "apagón general", tras la caída en el estado de *burnout*. El agotamiento es tal que la mayor parte del tiempo lo único que podemos hacer es dormir o permanecer inmóviles. A menudo, y paradójicamente, el cansancio se acompaña de insomnio por las noches. La larga recuperación del *burnout* requiere mucho, mucho descanso. En un primer momento, el *burnie* no tiene energía para hacerse preguntas o reflexionar. Poco a poco, cuando esa capacidad se recupera, el *burnie* comienza a experimentar la frustración de no poder hacer nada o casi nada, de no reconocerse en esa manera de estar.

El primer paso no es obvio: la aceptación de ese estado de agotamiento. A la vez, aceptar esa situación es el primer paso de la sanación.

El segundo paso es aún menos obvio: desplazarse desde una actitud de "hacer" hacia una actitud de "dejar de hacer".

Encontrar un sentido a este "dejar de hacer" es fundamental. Tal vez ayude darse permiso para entrar en el "séptimo día de la Creación" y permanecer en él un tiempo, tanto tiempo como necesitemos. El libro del Génesis nos transmite la imagen de Dios descansando tras seis días de intenso trabajo.

Podemos recordarnos a menudo que, mientras descansamos, nuestro cuerpo va lentamente, pero de manera segura, reconstruyéndose. "Dejar de hacer" es la única manera de permitir a nuestro organismo emplear su escasa energía en recuperarse.

El siguiente ejercicio-oración, inspirado en el libro del benedictino Anselm Grün, *Du burnout au flux de la vie*[12] (*Desde el burnout hacia el fluir de*

---

[12] https://editions-salvator.com/developpement-personnel/1038-du-burn-out-au-flux-de-la-vie-une-belle-mthode-pour-viter-le-burn-out-anselm-grn.html.

la vida), puede realizarse cada día, por ejemplo, en el momento de la siesta. O de una de las siestas, porque un *burnie* puede necesitar varias siestas al día.

Ejercicio-oración

Tumbado, con los ojos cerrados, recorro lentamente la silueta de mi cuerpo con mi mente. Cada punto por el que voy pasando, se ilumina. Si me distraigo, no importa. Vuelvo al último punto que recuerdo y continúo. Al final, el contorno de mi cuerpo está delimitado por una línea de luz.

Llevo la atención a mi abdomen, hasta sentir el movimiento de la respiración, como un oleaje suave.

Imagino en mi centro una fuente, un surtidor de agua. Imagino como el agua brota y va llegando por una pierna hasta el pie, luego por la otra pierna hasta el otro pie, por el tórax hasta un brazo y la mano, por el otro brazo hasta la otra mano, y luego por el cuello hasta mi cabeza. El agua va regándome, regenerando la vida. No tengo ninguna tarea que hacer, solo dejarme hacer.

Este ejercicio puede transformarse en oración: esa fuente de vida es el Espíritu Santo, que habita en mí, en mi cuerpo agotado, y que me va regenerando:

Ven, dulce huésped del alma,
descanso de nuestro esfuerzo,
...riega la tierra en sequía,
infunde calor de vida en el hielo.

Para terminar, puedo escuchar la Secuencia de Pentecostés[13], mientras permanezco tumbado y con los ojos cerrados.

---

* * *

---

[13] Por ejemplo, del grupo Harpa dei: https://www.religionenlibertad.com/video/140019/secuencia-pentecostes.html o del grupo Canto Cristiano: https://www.youtube.com/watch?v=HJ622tR3QnY.

Esta fuente recibe el agua directamente de su origen, que es Dios. Cuando Su Majestad quiere otorgar un favor sobrenatural, el agua fluye con gran paz, tranquilidad y suavidad desde lo más profundo de nosotros mismos. Es algo tan interior que no sé exactamente cómo ni hacia dónde se dirige. Ese gozo y deleite no se siente como los placeres comunes del corazón, aunque luego inunda todo nuestro ser. Esta gracia se extiende por todas las dimensiones del alma y el cuerpo, llenándolo de alegría y serenidad.

Santa Teresa de Jesús[14]

2. Cuidado del cuerpo, templo del Espíritu

Y creó Dios al hombre a su imagen,
a imagen de Dios lo creó, varón y mujer los creó.
(Gn 1,27)

¿No sabéis que sois santuario de Dios
y que el Espíritu de Dios habita en vosotros?
(1 Cor 3,16)

Y el Verbo se hizo carne.
(Jn 1,4)

El *burnout* es consecuencia de una "sobreexplotación" de los recursos del propio cuerpo. Los *burnies* y los candidatos a *burnies* han sido durante años personas llenas de vitalidad y de energía. Pero han derrochado su energía llevados por la falsa creencia de que esta era inagotable. En algún momento, han dejado de ser conscientes de que su cuerpo necesita descanso y cuidados. Podemos hacer un paralelismo con la sobreexplotación de los recursos de la tierra de la que nos habla el papa Francisco en la encíclica *Laudato Si'*[15].

Muchas de las técnicas y tendencias espirituales importadas de Oriente y adaptadas a nuestra cultura se fundamentan en trasladar nuestro centro de gravedad desde lo mental hacia lo corporal. Es una llamada de atención muy

---

[14] Libro de *Las Moradas*, Morada cuarta, capítulo segundo: https://www.cervantesvirtual.com/obra-visor/las-moradas--0/html/ff0e7ddc-82b1-11df-acc7-002185ce6064_1.html#I_3_.

[15] Carta encíclica *Laudato Si'*: https://www.vatican.va/content/francesco/es/encyclicals/documents/papa-francesco_20150524_enciclica-laudato-si.html.

útil. A la vez, en la espiritualidad cristiana, la corporeidad siempre ha sido un elemento central.

Nuestro cuerpo es regalo de Dios, un regalo cuyo funcionamiento sigue asombrando a los científicos. Nuestro cuerpo es templo del Espíritu Santo, como nos recuerda san Pablo. ¿Cómo no respetarlo y cuidarlo?

En el Credo, los cristianos profesamos que Dios se hizo hombre, se encarnó[16]. ¿Qué mayor dignidad puede darse al cuerpo humano que ser el lugar donde Dios decide revelarse?

a) Sobre el cuerpo

Para superar el *burnout* es necesario dar atención, cariño y cuidado al propio cuerpo exhausto. No es una broma, durante los momentos más duros de la travesía del *burnout*, me venían a la mente las palabras de la famosísima canción de *Macarena*: "Que tu cuerpo es *pa'* darle alegría y cosa buena". Y estas palabras me hacían y me siguen haciendo sonreír. ¡Cuánta sabiduría! ¡Al *burnout* se llega como consecuencia de haber olvidado de cuidar el propio cuerpo! No me refiero a cuidar al estilo narcisista al que nos incita la sociedad de consumo, sino con escucha, simplicidad, atendiendo las necesidades esenciales de sueño, alimentación equilibrada y movimiento moderado. Esto es, resistiendo al estilo de vida contemporáneo que empuja a consumir alimentos ultraprocesados de baja calidad nutritiva y a pasar muchas horas inmóviles sentados delante de diferentes pantallas.

---

[16] https://www.vatican.va/archive/catechism_sp/p1s1c3a2_sp.html.

> **Ejercicio: atención al cuerpo**
>
> Me tumbo con las palmas de las manos hacia arriba. Cierro los ojos.
> Comienzo por sentir el peso de mi cuerpo, la fuerza de la gravedad. ¿Dónde siento el peso de mi cuerpo?
> Después, voy recorriendo lentamente cada una de las partes del cuerpo que está en contacto con el suelo. Llevo a cada una de ellas mi atención, no para imaginarla, sino para sentir el contacto de esa parte con el suelo.
> Cuando he terminado, siento todas las partes que están en contacto con el suelo al mismo tiempo.
> Concluyo estirándome.

También pueden practicarse ejercicios de yoga nidra en esta misma posición. En internet pueden encontrarse una gran cantidad de vídeos para guiar esta práctica.

b) Sobre la alimentación

— Para los candidatos a *burnies.* Los "pequeños apagones" que experimentan los candidatos a *burnie* son mensajes que el cuerpo envía para alertarnos de que algo no va bien. En vez de ignorar esos mensajes, aprovechemos la oportunidad para detenernos y reflexionar sobre la manera en la que estamos tratando a nuestro organismo. No se trata de un ejercicio de autoinculpación, sino de una reflexión sobre mis comportamientos para elegir libremente lo que más me conviene en este momento.

Tal vez sea el momento de consultar a un médico para determinar carencias en vitaminas y minerales y buscar consejo profesional sobre cómo mejorar la alimentación. A continuación expongo algunos consejos nutricionales simples:

- Preferir siempre los alimentos sin procesar a los procesados, ya que los segundos tienen alto contenido en azúcar, sal y otros aditivos y suelen ser más pobres en nutrientes de calidad.
- Tomar al menos cinco porciones de fruta o verdura al día. Mejor si son siete y si son frutas y verduras de temporada y de producción local.
- Aumentar el consumo de proteínas en el desayuno, especialmente de proteínas vegetales que se encuentran en granos como el cáñamo o la

chía. La soja deshidratada y la proteína de guisante son también una buena fuente de proteínas.

- Aumentar el consumo de grasas de calidad (aceite de oliva y aceite de colza de primera presión en frío, frutos secos crudos y sin sal) y erradicar las grasas de baja calidad (margarinas, aceite de girasol, coco, palma...).
- Reducir el consumo de sal y azúcar.
- Cenar ligero, si es posible con proteínas de origen vegetal.
- Poco (o mejor nada) de café, alcohol, bebidas azucaradas y bollería industrial.
- Mucha agua e infusiones.

Ejercicio: comer conscientemente

Encontrar una oportunidad de comer solos y en silencio, sin televisión, radio o teléfono.

Elegir un alimento sano que nos guste especialmente (una fruta de verano, una infusión aromática, un plato de legumbres...).

Tomar ese alimento lentamente, degustando las texturas, los sabores. Cerrar los ojos y masticar cada bocado veinte veces. Notar como va cambiando la textura y el sabor del alimento.

Al final del ejercicio, reflexionar sobre esta manera consciente de comer. ¿Me gustaría practicarla una o más veces por semana?

En los Evangelios leemos que Jesús pasa una parte considerable de su tiempo comiendo con otras personas. Las comidas, además de nutrir nuestro cuerpo, son oportunidades de encuentro y de compartir con otros. Alimentan tanto nuestra afectividad como nuestro espíritu.

– Para los *burnies*. Los *burnies* han consumido literalmente sus reservas, con lo que es habitual que acumulen carencias de vitaminas y minerales. A menudo, se encuentran en riesgo de prediabetes y han desarrollado intolerancias alimenticias hacia el gluten, la proteína de leche, el huevo... Es importante detectar estas situaciones con un médico y tratarlas.

Sus limitadas fuerzas para saltar de una actividad a otra le obligarán a comer con calma. Es la oportunidad de saborear los alimentos y consumirlos con gratitud y sin avidez. Y elegir aquellos alimentos que contribuyen a la sanación del cuerpo.

– *Para todos.*

Oración en las comidas

Antes de cada comida, permitirse unos segundos de silencio. Formular una o dos frases para agradecer los alimentos que vamos a tomar y bendecir a las personas que han hecho posible que lleguen hasta nosotros. Tomar los alimentos practicando la gratitud y sin avidez.

---

c) Sobre el movimiento

Al principio del *burnout*, el cortisol es tan bajo que resulta imposible hacer ejercicio. Simplemente, el *burnie* carece de fuerza. Poco a poco, cuando la energía va regresando, el movimiento moderado ayuda a subir el nivel de energía. Es fundamental estar a la escucha del propio cuerpo y a la manera en que reacciona al ejercicio. Y adaptarlo al nivel que conviene en ese momento dado, sin forzar nada.

Ejercicio: marcha contemplativa

Lo ideal es practicarlo con otras personas. Pero si no es posible, también puede practicarse en soledad.

Buscar un lugar exterior llano. Imaginar un rectángulo o cuadrado de unos 20 o 30 metros de lado. Se pueden utilizar sillas o algún otro objeto para delimitarlo. Por espacio de 15 minutos, recorro el perímetro de ese rectángulo o cuadrado, lo más lentamente posible. Al posar el pie, siento cada punto de contacto con el suelo, la manera como mi peso va distribuyéndose en la pisada y de un pie a otro. Miro al suelo, como a dos metros por delante. Si me distraigo, vuelvo a sentir el peso del cuerpo y el movimiento de mis pies.

También pasear, si es posible en un bosque o en un parque, es un ejercicio moderado muy aconsejable para los *burnies*. Al pasear, podemos hacernos conscientes de los olores del bosque y del crujir de la tierra bajo nuestros pies. Utilizar los diferentes sentidos para entrar en contacto con la naturaleza permite subir el nivel de energía. Existen grupos que proponen "baños de bosque" que van en este sentido. Si los pensamientos circulares nos asaltan durante el paseo, podemos utilizar la técnica de mirar de un lado a otro a la altura de las copas de los árboles y poner nuestra atención en este movimiento[17]. Pasear diariamente y "en plena consciencia" es una de las mejores medicinas para superar el *burnout*.

Cuando las fuerzas son suficientes, bailar de manera relajada y con música suave es un excelente ejercicio. Un grupo de "biodanza" puede ayudar a mantener esta práctica de baile, al añadir el aspecto social y la diversión que supone bailar con otros.

Ejercicios suaves de yoga o de chi kung son también muy recomendables. Existen innumerables sesiones gratuitas de yoga o de chi kung en internet. Lo ideal es elegir algunos ejercicios y practicarlos unos minutos diariamente.

3. ¿De verdad darse hasta el agotamiento es una actitud cristiana?

Un factor que, sin duda, aumenta el riesgo de *burnout* entre creyentes cristianos es la falsa creencia de que darse sin medida y sin límites es una actitud cristiana. Pero ¿puede verdaderamente ser una actitud cristiana darse hasta el agotamiento? Como expusimos en la introducción, el sacerdote y psicólogo francés Pascal Ide define el *burnout* como "la enfermedad del darse". Es decir, existe una manera de darse sana y otra manera de darse que no lo es. La actitud clave es el discernimiento.

En las reglas de discernimiento de los Ejercicios Espirituales, Ignacio de Loyola advierte de que el "enemigo de la naturaleza humana" puede llevarnos a un lugar de desequilibrio apoyándose en aquellas cualidades personales e inclinaciones que en principio son buenas[18]. Por ejemplo, una persona con tendencia a la generosidad y a la empatía no va a sufrir tentaciones de desentenderse de los otros. Más bien, la tentación puede venir por el lado de asumir más responsabilidades y tareas que aquellas para las que tiene capacidad.

Para este discernimiento, el primer paso es conocernos: conocer nuestras capacidades y, sobre todo, conocer y aceptar nuestros límites. Como veremos

---

[17] Este movimiento de ojos está al origen de la terapia EMDR (Eye Movement Desensitisation & Reprocesing).

[18] Ver puntos 349 y 350 de los Ejercicios Espirituales: https://www.feyvida.org/PDF/San_Ignacio_Ejercicios_Espirituales.pdf.

en el apartado "Adán y Eva quisieron ser como Dios...", el reto es aceptarnos como criaturas maravillosas, pero finitas, que no pueden llegar a todo.

Para poner en práctica lo discernido es necesario aprender a decir "no". O expresado de otra manera: ser capaces de decir algunos "noes" para poder decir grandes "síes". Si ante una petición de realizar una nueva tarea o de asumir una nueva responsabilidad siento que solo me es posible decir "sí", ¿dónde queda mi libertad? ¿Y cuál es el valor de mi "sí" si no me es posible decir "no"?

Las razones que dificultan decir "no" a las peticiones excesivas y que nos pueden llevar al desbordamiento, son complejas. Por ejemplo, querer dar la imagen de ser una persona altruista siempre disponible. O necesitar constantemente la aprobación de los otros, basada en no defraudar sus expectativas. También puede ocurrir que no queramos defraudarnos a nosotros mismos y a la imagen que nos hemos autoconstruido.

Para un *burnie*, el tiempo de reconstrucción es un tiempo privilegiado para experimentar la transformación espiritual que conlleva la aceptación de lo real. Para los candidatos a *burnie*, puede salvarles de la caída hacerse estas reflexiones antes del "apagón general".

En algunas organizaciones, el nuevo mantra es "hacer más con menos" y la persona no tiene la posibilidad de resistir a estas solicitaciones crecientes que vienen del exterior. Aquí el discernimiento es más amplio: ¿puedo, en el medio plazo, permanecer en esta cultura empresarial?

En muchas congregaciones religiosas en Europa, con pocas vocaciones, los miembros más jóvenes reciben más y más solicitaciones. Lo mismo ocurre con laicos activos en parroquias, movimientos y asociaciones, a los que se les pide mayor compromiso que, además, tienen que compaginar con su vida familiar y laboral.

En el contexto de organizaciones cristianas no hemos enfatizado suficiente lo que significa cuidarnos unos a otros para prevenir que alguien caiga en *burnout*: la organización también tiene que discernir cuáles son sus posibilidades y sus límites, qué misiones tiene que dejar de lado para no poner en peligro a las personas. Tenemos que estar atentos a no sobrecargar a las personas de buena voluntad, a respetar sus tiempos de descanso y de desconexión. Tenemos que conocer los síntomas de *burnout* para poder reconocerlos en nosotros o en los demás.

Este apartado no es un elogio de la pereza o del desentenderse. Es una llamada a la reflexión sobre las razones por las que me comprometo o no con una causa, al realismo de aceptar hasta donde puedo llegar sin poner en peligro mi salud y al discernimiento sobre aquello que puedo y deseo aceptar como compromiso y lo que no puedo o deseo aceptar. Y a desarrollar la capacidad de decir "no". Es útil recordar que "no" es una frase completa, que no necesita ser explicada. Es un hábito saludable concedernos un tiempo de reflexión antes de aceptar nuevas responsabilidades o tareas.

Textos para la reflexión-oración

Así, ¿quién de vosotros, si quiere construir una torre, no se sienta primero a calcular los gastos, a ver si tiene para terminarla? No sea que, si echa los cimientos y no puede acabarla, se pongan a burlarse de él los que miran, diciendo: «Este hombre empezó a construir y no pudo acabar». (Lc 14,28-30)

Reflexionar consigo mismo, y si es posible, hablar con un acompañante espiritual o una persona de confianza sobre las siguientes preguntas:
- Si equiparo la torre con mi vida, ¿cómo es la torre que quiero construir?
- ¿Cuáles son los cálculos que me conviene hacer?

* * *

Entonces el diablo lo llevó a la ciudad santa, lo puso en el alero del templo y le dijo:
—Si eres Hijo de Dios, tírate abajo, porque está escrito: «Ha dado órdenes a sus ángeles acerca de ti y te sostendrán en sus manos, para que tu pie no tropiece con las piedras». (Mt 4,5-6)

Reflexionar consigo mismo sobre las siguientes preguntas, y si es posible, compartir con un acompañante espiritual o una persona de confianza:
- ¿Reconozco en mi vida alguna tentación de realizar acciones que ignoran mi realidad concreta y mis límites?
- ¿Puedo traer a la memoria alguna situación en la que me "estrellé" por lanzarme a acciones, motivado por aparentar ante otros o ante mí mismo?
- ¿Qué puedo sacar de esta reflexión para el futuro?

---

* * *

Historia del monje que trabajaba duramente

Juan Casiano, un monje nacido hacia el año 360 y que vivió en el desierto de Egipto, escribe una historia[19] que bien podría haber sido escrita en el siglo XXI.

Un monje anciano y sabio pasa un día ante la celda de un hermano. Este hermano está siempre preocupado y utiliza todas sus fuerzas en construir y reparar celdas del monasterio que nadie usa.

Desde lo alto, el anciano ve al hermano: intenta partir una dura roca con un martillo.

Ve también a un hombre vestido de negro cerca del hermano. Este coloca sus manos sobre las manos del hermano y da con él los martillazos. Con tizones ardientes incita al hermano a avanzar en su trabajo.

El monje sabio se detiene y observa durante un tiempo largo. Se sorprende al ver como el demonio ataca de manera tan feroz al hermano, y como este se deja engañar tan fácilmente.

Cuando el hermano, terriblemente fatigado, quiere pararse y descansar, el diablo le incita a volver al trabajo:

—No nos paramos, retomamos el martillo. ¡Y continuamos hasta acabar lo que hemos comenzado!

Instigado sin cesar, el hermano ni siquiera se da cuenta de la dureza del trabajo.

Al mismo tiempo, el monje sabio se siente profundamente triste por el juego malvado del demonio. Va a la celda del hermano, le saluda y le dice:

—Hermano, ¿qué haces?

El hermano le responde:

—Hemos trabajado intensamente para partir esa roca muy dura, y nos ha costado mucho conseguirlo.

El monje sabio le dice:

—Con razón dices: nos ha costado mucho, porque no eras tú solo el que daba martillazos. Otro estaba contigo, pero no lo veías. Estaba junto a ti, no para ayudarte en el trabajo, sino para instigarte con violencia.

---

[19] Traducido del francés. Fuente: *Prier sans cesse. Conférence sur la prière*. Le Coudray-Macouard, Saint Léger Editions, 2021.

4. Aquí y ahora: mirar contemplativamente

La palabra "meditación" proviene del latín *meditare* que se descompone en las raíces "stare in medio", permanecer en el centro. Y la palabra "contemplación" es lo mismo; no tiene nada que ver con mirar algo, ni a Dios ni a nadie más. La contemplación es "estar en el templo" con Dios; y el templo es tu propio corazón, la profundidad de tu propio ser.

John Main, OSB[20]

Nosotros estamos sentados en silencio. En este presente quieto, mientras se pronuncia el nombre de Jesucristo, se respira y se centra la atención en el centro de las palmas de las manos. Estos tres elementos se unen por completo e intensifican la percepción del presente. El presente, así percibido, es el indicio de la presencia de Cristo.

Franz Jalics, SJ[21]

Me parece que en la vida solo disponemos de una cantidad limitada de "síes" y que nos es absolutamente necesario, antes de entregarlos, protegerlos con una cantidad ilimitada de "noes".

Christian Bobin, L'Épuissement

Una de las mayores causas de pérdida de energía mental es permanecer en el pasado o imaginar futuros a menudo inquietantes. Una frase lo resume bien: «He conocido grandes desgracias, pero la gran mayoría de ellas, nunca ocurrieron».

El *burnout* es una enfermedad de la energía vital. Por tanto, es provechoso identificar aquello que nos hace perder nuestra energía, sin aportarnos nada constructivo. Con seguridad, malgastamos nuestra energía cuando nos dejamos llevar por el flujo de pensamientos que atraviesan nuestra mente sin cesar.

La Terapia de Aceptación y Compromiso (ACT por sus siglas en inglés, Acceptance and Commitment Therapy) aporta un instrumento muy útil para posicionarse frente a este flujo de pensamientos: la "defusión cognitiva", traducido

---

[20] J. MAIN, OSB, *El centro de nuestro ser*.

[21] F. JALICS, SJ, *Ejercicios de contemplación*. Salamanca, Ediciones Sígueme, 2021.

literalmente del inglés "cognitive defusion". Consiste en colocarse en posición de observador de sus propios pensamientos, lo que presupone no identificarnos ni fusionarnos con ellos. De esta manera, podemos decidir qué pensamientos vamos a seguir y cuáles no. Este tipo de práctica recuerda de alguna manera al "discernimiento de espíritus" que propone Ignacio de Loyola en los Ejercicios Espirituales. El cofundador de ACT está muy influido por su formación en un colegio jesuita, como él mismo afirma en el vídeo a pie de página[22]. La similitud entre la terapia ACT y la espiritualidad ignaciana no es una simple coincidencia. Para poder realizar el "discernimiento de espíritus" que propone Ignacio de Loyola, en primer lugar es necesario tomar distancia de los diferentes pensamientos que nos surgen (es decir, "defusión cognitiva") y luego ponderar el efecto que cada uno de esos pensamientos produce en nosotros.

Ejercicio de "defusión cognitiva"

Preparo una hoja de papel con tres columnas.

En la tercera columna anoto en cada línea los pensamientos que me llegan.

Una vez que siento que he anotado suficientes pensamientos, escribo en la segunda columna la frase "pienso que" delante de cada pensamiento. Y me leo en voz alta las frases que resultan.

En la primera columna escribo la frase "me veo pensando que" delante de cada pensamiento. Y leo en voz alta las frases que resultan al combinar esta frase con cada pensamiento. Puedo visualizarme en la situación de producir esos pensamientos mientras leo.

Por ejemplo:

No voy a conseguir terminar esta tarea.

Pienso que no voy a conseguir terminar esta tarea.

Me veo pensando que no voy a conseguir terminar esta tarea.

¿Aprecio la diferencia entre estar fusionado con un pensamiento (y tomarlo por cierto) y visualizarme produciendo ese pensamiento (y poder tomarlo por cierto o no)? ¿Cómo influye este cambio de perspectiva en mis emociones? ¿Y en mi percepción de la realidad?

---

[22] Entrevista a Steven Hayes, cofundador de ACT. En el minuto 2:50 Hayes explica que su formación con los jesuitas y la mística de la espiritualidad ignaciana le influyeron al diseñar esta terapia: https://youtu.be/ypoOcv2Iysc?si=Di9lxyVqHxXHei9Z.

a) Los pensamientos circulares en los burnies

El cerebro de una persona en *burnout* puede producir pensamientos en un tipo de cadena circular. Ante un problema o situación, surge un pensamiento, que lleva a otro, y así sucesivamente hasta regresar al pensamiento primero, sin haber encontrado una solución o salida al problema inicial. Esta manera de funcionar del cerebro se denomina en francés "ruminations", en referencia al acto de rumiar de los herbívoros. En castellano, puede traducirse como cavilaciones. Las cavilaciones producen aún más cansancio en el *burnie*, que se siente atrapado en este modo de funcionamiento anómalo. El *burnie* que ha desarrollado cierta capacidad de "defusión cognitiva" es consciente de que sus neuronas están "patinando". Estos pensamientos circulares suelen aparecer durante los momentos de insomnio. Propongo dos pistas que un *burnie* puede explorar para interrumpir este flujo de pensamientos:

— Concentrar la atención en el cuerpo o en la respiración, a través de una de las múltiples relajaciones corporales que pueden encontrarse en internet. Cada vez que surge la cadena de pensamientos, volver a dirigir la atención al cuerpo o a la respiración.

— Desarrollar su propia capacidad de producir imágenes y pensamientos que cortocircuiten los pensamientos circulares, como en el ejercicio que propongo a continuación.

**Ejercicio: crear un cortocircuito
en los pensamientos circulares**

El objetivo del ejercicio es llegar a contar 17 respiraciones profundas.

Podemos ayudarnos con los dedos.

En cada inspiración, traemos a la memoria un paisaje que nos resulta agradable.

En cada espiración, lo hacemos desaparecer.

Normalmente, al final de las 17 respiraciones, se ha roto la cadena de pensamientos circulares. Si no, comenzamos otra vez.

Otra variante es traer a la memoria, con cada inspiración, la imagen de una persona querida y la emoción agradable que esa persona nos suscita.

---

b) La meditación cristiana

La meditación cristiana es un tipo de oración que se remonta a los Padres y Madres del desierto, a partir del siglo IV. Consiste en elegir una palabra sagrada, que se repite mentalmente, al compás de la respiración, durante un tiempo que hemos fijado de antemano y cuidando la quietud del cuerpo. Nuestra mente vagabunda abandona la palabra a los pocos segundos, y la meditación consiste precisamente en volver a llevar nuestra atención con suavidad a la palabra sagrada, tantas veces como sea necesario.

La Comunidad Mundial para la Meditación Cristiana[23], fundada por el monje benedictino John Main, es una gran difusora de este tipo de oración. Proponen meditar la palabra "Maranatá" al menos veinte minutos dos veces al día. Esta comunidad propone cursos en línea para aprender a meditar.

Los amigos del desierto[24], red fundada por el sacerdote español Pablo D'Ors, también fundamentan su espiritualidad en la práctica diaria de la meditación cristiana. Pablo D'Ors es discípulo del jesuita húngaro Franz Jalics, SJ.

Franz Jalics, SJ, en su libro *Camino de contemplación,* propone precisamente un camino para llegar a la oración y a la vida contemplativa en diez etapas. Su propuesta es meditar con el nombre de Jesucristo. Es posible unirse a un grupo de meditación de manera presencial o en línea[25].

El Carmelo Ecuménico e Interreligioso también se sustenta de la oración contemplativa en la tradición del Carmelo[26].

Existen grupos en muchas ciudades de España de estas escuelas de meditación cristiana, que pueden ser un gran apoyo para iniciarse y perseverar en esta práctica.

La meditación cristiana es un tipo de oración que puede ser de gran provecho para los candidatos a *burnies* o para los *burnies* que ya están en un momento avanzado de su recuperación. Durante los primeros meses del *burnout,* un *burnie* no tiene la energía para hacer el esfuerzo de concentración que requiere la meditación. En el siguiente apartado proponemos otras formas de orar durante este periodo.

---

[23] https://www.wccm.es.

[24] https://www.amigosdeldesierto.org.

[25] https://caminodecontemplacion.org.

[26] https://carmeloecumenicoeinterreligioso.wordpress.com.

Oración–meditación cristiana

Elijo un lugar silencioso donde meditar sin interrupciones.

Elijo una postura que me permita permanecer en quietud durante el tiempo que dure la meditación. Por ejemplo, en una silla en la que pueda sentarme con la espalda erguida y separada del respaldo y los pies bien posados en el suelo; o en un banquito de meditación, sobre una esterilla confortable para proteger las rodillas.

Elijo una postura para las manos.

Elijo el tiempo que voy a meditar. Me ayudo de una aplicación, para que me avise de la duración[27]. Es importante que mantenga el tiempo que he establecido. Puedo comenzar con 10 minutos e ir aumentando hasta 20 o 25 minutos.

Elijo la palabra sagrada que voy a meditar. Puede ser el nombre de Jesús, Jesucristo, Maranatá[28] o una palabra tomada del Evangelio del día.

La meditación consiste simplemente en repetir esta palabra en mi interior. Puedo acompasarla con la respiración. Lo normal es que mi atención se disperse en recuerdos o en la preparación de proyectos. En cuanto me doy cuenta de que he dejado de pronunciar interiormente la palabra, vuelvo a ella. Una y otra vez, tantas veces como dure el tiempo de la meditación.

* * *

Permanecer en Ti
o simplemente orientar los sentidos
hacia como Tú permaneces

movimiento anterior a la memoria
quietud de zarza

en cada latido
ardiendo fluye
       Tu Nombre.

---

[27] Por ejemplo, la aplicación de la World Community for Christian Meditation: https://wccm.org/app.

[28] Del arameo "Marana tha" o "Maran atha", que significa "El Señor viene" o "Ven, Señor".

5. Oración de un burnie desde la vulnerabilidad: a cada día le basta su afán

Por lo tanto, no se preocupen por el mañana,
el cual tendrá sus propios afanes.
(Mt 6,34)

Tan cerca de nosotros no había estado el Señor, acaso nunca;
ya que nunca habíamos estado tan inseguros.
Pedro Arrupe, SJ[29]

La persona en situación de *burnout* tiene un nivel muy bajo de energía vital. El reto es desarrollar la capacidad de gestionar esa energía y asegurarse suficientes momentos de descanso y de actividades que permitan recargar sus baterías. Su capacidad de atención es muy baja o nula y tiene problemas de memoria. El cerebro puede estar en tal mal estado que llega a perder la capacidad de comprender un texto escrito o de mirar un vídeo. En esta situación, ¿cómo mantener la vida de oración o comenzar a orar?

Propongo varias pistas, que cada persona puede adaptar según la manera que más le convenga. Y dos consejos previos.

El primer consejo es cuidar la posición del cuerpo. Buscar una postura que sea confortable y que requiera el menor esfuerzo posible. La posición tumbada es ideal durante los periodos de energía vital muy baja.

El segundo, es utilizar aquellas capacidades intelectuales de las que disponemos o que vamos recuperando para ayudarnos en la oración. Si no podemos leer, podemos utilizar la memoria para recordar el Padrenuestro o algún pasaje del Evangelio y recrearlo con la imaginación.

Para un *burnie* en la fase aguda, el mayor reto es aceptar la situación en la que se encuentra, sin saber cuánto tiempo va a permanecer en ella. A la vez, la aceptación es ya la mitad de la curación. El proceso de curación se hace en sierra. Un día los síntomas disminuyen, al día siguiente, parece que se han agravado. Aceptar esta manera de progresar es también un reto. Y vivir cada día por sí mismo, sin proyectarse en el futuro, es una sabiduría espiritual que la situación de *burnout* puede favorecer. Podemos repetirnos a lo largo del día

---

[29] https://pastoralsj.org/creer/1279-pedro-arrupe.

el versículo del Evangelio de Mateo: «A cada día le basta su afán». O la petición del Padrenuestro: «Danos hoy nuestro pan de cada día». Podemos pedir al Señor la gracia de "consentir a lo que es". Tal vez por un tiempo, esta sea la única manera posible de orar.

Para llegar a un *burnout*, hace falta mucha fuerza de voluntad, empleada, eso sí, sin discernimiento. Un *burnie* está (estaba) acostumbrado a fijarse objetivos, a movilizar recursos, a ultraorganizar su vida para llegar a la máxima eficiencia... Nada de esto es posible durante el *burnout*. Aún más, además de consentir a lo que es, el *burnie* tiene que aprender a abandonar el control, a soltar, a dejarse sostener. A estar totalmente en las manos del Señor. Solo la vulnerabilidad permite vivir la experiencia del amor de Dios, incondicional, pues no depende de nuestra capacidad de hacer y organizar cosas, ni siquiera de mantener la atención durante un tiempo de oración. La vulnerabilidad hace posible la experiencia de vivir como un bebé entre los brazos maternales de Dios. El Padre Arrupe nos comunica esta experiencia en las últimas palabras que pronunció. Es un texto que podemos apropiarnos durante este periodo:

Oración de Pedro Arrupe [30]

Yo me siento, más que nunca,
en las manos de Dios.

Eso es lo que he deseado toda mi vida,
desde joven.

Y eso es también lo único
que sigo queriendo ahora.

Pero con una diferencia:
Hoy toda la iniciativa la tiene el Señor.

Les aseguro que saberme
y sentirme totalmente en sus manos
es una profunda experiencia.

* * *

---

[30] Últimas palabras de Pedro Arrupe, leídas en su presencia por el P. Ignacio Iglesias ante la Congregación. General de la Compañía de Jesús el 3 de septiembre de 1983.

Oración–padrenuestro

Elijo un momento en el que me sienta con energía suficiente.

Me tumbo en una esterilla en un lugar silencioso. Cierro los ojos.

Pido al Espíritu Santo que ore en mí.

Poco a poco, recorro y siento, uno a uno, todos los puntos de contacto de mi cuerpo con la esterilla.

Traigo a la memoria cada frase del Padrenuestro[31]. La pronuncio lentamente en mi interior. Si hay alguna frase que resuena en mí especialmente en este momento, me detengo en ella.

No se puede excluir que me duerma durante este tiempo de oración. Lo acepto y doy gracias por ese tiempo de descanso en el Señor.

* * *

Jesús, el Resucitado, eres el Salvador de toda vida, nosotros querríamos mantenernos siempre cerca de ti. Haz que nunca te abandonemos al borde de nuestro camino. Y que cuando descubramos nuestras fragilidades, aparezcan en nosotros recursos escondidos, una fuerza interior, un impulso que viene de Ti.

Hermano Roger de Taizé[32]

* * *

Mc 1,12

Ante Ti, basta con ser.
Gilles Baudry

Apagados los vientos exteriores
descender hasta el desierto,
    al lugar donde ante Ti solo soy yo.

Allí mi yo es tan de Ti
    que brilla con incandescencia.

---

[31] https://www.vatican.va/archive/catechism_sp/p4s2_sp.html.

[32] M. Teresa de Calcuta, H. Roger de Taizé, *La oración. Frescor de una fuente.* Boadilla del Monte, PPC Editorial 2005.

En Ti, mis fisuras se atenúan
y el deseo de aparentar o complacer

se desmorona.

En Ti, la libertad simple de ser
y la frescura de todos los comienzos.

6. El amor de Dios es incondicional: Parábola del Padre pródigo

Cuando todavía estaba lejos, su padre lo vio
y se le conmovieron las entrañas; y, echando a correr,
se le echó al cuello y lo cubrió de besos.

(Lc 15,20)

El amor de Dios es incondicional, es gratuito, es total desmedida en relación con nuestros esfuerzos e incluso, a nuestras caídas. Esta es la manera como el Evangelio nos presenta al Padre, a través de parábolas.

Para un candidato a *burnie*, que ocupa su día saltando de actividad en actividad, sea en búsqueda del reconocimiento de los otros, sea para responder a la imagen que se ha hecho de sí mismo, sea para satisfacer la imagen que se ha construido de un Dios que lleva las cuentas, experimentar este amor gratuito es una revolución copernicana. Para el *burnie* es llanamente la fuente de la sanación.

Tal vez el texto que mejor evoca este amor es la parábola del Padre pródigo. Es un relato que conviene contemplar repetidas veces. Propongo una contemplación al estilo ignaciano, con un esquema detallado. Para algunas personas, seguir una guía paso a paso es una ayuda para mantener la atención durante el tiempo de oración (como recomendé en la introducción, es importante tomar las sugerencias que ayudan y dejar de lado las que no).

Oración–contemplación ignaciana
El Padre pródigo (Lc 15,11-24)

Un hombre tenía dos hijos; el menor de ellos dijo a su padre: «Padre, dame la parte que me toca de la fortuna». El padre les repartió los bienes. No muchos días después, el hijo menor, juntando todo lo suyo, se marchó a un país

---

lejano, y allí derrochó su fortuna viviendo perdidamente. Cuando lo había gastado todo, vino por aquella tierra un hambre terrible, y empezó él a pasar necesidad. Fue entonces y se contrató con uno de los ciudadanos de aquel país que lo mandó a sus campos a apacentar cerdos. Deseaba saciarse de las algarrobas que comían los cerdos, pero nadie le daba nada. Recapacitando entonces, se dijo: "Cuántos jornaleros de mi padre tienen abundancia de pan, mientras yo aquí me muero de hambre. Me levantaré, me pondré en camino adonde está mi padre, y le diré: Padre, he pecado contra el cielo y contra ti; ya no merezco llamarme hijo tuyo: trátame como a uno de tus jornaleros". Se levantó y vino adonde estaba su padre; cuando todavía estaba lejos, su padre lo vio y se le conmovieron las entrañas; y, echando a correr, se le echó al cuello y lo cubrió de besos. Su hijo le dijo: «Padre, he pecado contra el cielo y contra ti; ya no merezco llamarme hijo tuyo». Pero el padre dijo a sus criados: «Sacad enseguida la mejor túnica y vestídsela; ponedle un anillo en la mano y sandalias en los pies; traed el ternero cebado y sacrificadlo; comamos y celebremos un banquete, porque este hijo mío estaba muerto y ha revivido; estaba perdido y lo hemos encontrado». Y empezaron a celebrar el banquete.

1- Preparación de la oración.
   – Elegir un lugar tranquilo y una postura confortable que podamos mantener durante un tiempo que hemos predeterminado (por ejemplo, cuarenta y cinco minutos).
   – Rito de entrada: Señal de la cruz, percibir como el Señor me mira, escuchar un canto.
   – Llevar la atención a mi mundo emocional: ¿qué emociones me habitan? ¿De qué manera se manifiestan en mi cuerpo? Poner estas emociones en manos del Señor.
   – Pedir la ayuda del Espíritu Santo: "Espíritu Santo, ora en mí".
   – Preparar el cuerpo: recorrer mentalmente todos los puntos de contacto de mi cuerpo con el suelo y la silla, sentir la fuerza de la gravedad, sentir la verticalidad de la columna vertebral y la cabeza, sentir ambas al mismo tiempo.
   – Llevar la atención a la respiración. ¿En qué lugar la siento: en la nariz; en el fondo de la garganta; en el tórax, que asciende y desciende relajadamente; en el abdomen, que se extiende y pliega como un oleaje suave? Fijar la atención en un lugar donde siento la respiración, y contar las inspiraciones hasta llegar a diez.

2- Leer el texto en voz alta.

3- Pedir una "gracia", es decir, lo que deseo vivir con el Señor durante este tiempo de oración. Por ejemplo, percibir el amor incondicional de Dios.

4- "Composición de lugar". Esto es, utilizar mi imaginación para recrear los diferentes lugares donde se sitúa la historia. Para ello movilizar todos mis sentidos: ¿qué es lo que veo? ¿Cómo son los olores? ¿Hace calor o frío?... Volver a leer el texto para encontrar todos los detalles que me puedan ayudar a imaginar el lugar.

5- "Ver, oír, mirar y escuchar".

   – Ver a las personas, una a una. Utilizar mi imaginación para ver su rostro, sus vestidos... Volver a leer el texto para encontrar todos los detalles que me puedan ayudar a imaginar las personas.

   – Oír lo que dicen. Volver a leer el texto para encontrar las palabras que pronuncian. Repetirlas para que calen en mí.

   – Mirar lo que hacen las personas. Para ello, volver a traer la "composición de lugar" a mi imaginación, así como cada una de las personas. Volver a leer el texto para encontrar todos los detalles que me puedan ayudar a recrear la acción en mi imaginación.

   – Escuchar lo que las personas viven en el interior. ¿Cuáles son sus emociones? ¿Qué se mueve dentro de cada uno?

6- "Coloquio". Dejar el texto y comenzar un diálogo con Jesús, como "un amigo a un amigo". Es un momento de oración en confianza y desde la libertad.

7- Rito de salida. Dar gracias por el tiempo vivido en la oración. Escuchar un canto. Señal de la cruz.

Tras la oración, conviene hacer unos ejercicios de estiramiento y dar un pequeño paseo. Después, es útil sentarse un momento para "releer" lo vivido en la oración. Esto requiere de un trabajo de memoria e introspección. Dios nos habla en y desde nuestra psicología, a menudo de manera muy sutil.

Para la "relectura" externa, mirar mi postura, el lugar, el tiempo, la estructura de la oración. ¿Qué me ha ayudado y que no me ha ayudado?

Para la "relectura" interna, examinar las "emociones". ¿Qué se ha movido en mi interior? ¿Cuáles son las emociones que he atravesado? ¿Cuál ha predominado?. También examinar las "luces". ¿Qué ha sido lo que más me ha tocado? ¿Qué luces he recibido? Durante el tiempo de oración, también puedo experimentar "tentaciones" en la forma de desánimo o resistencias. Tomar nota de todo ello.

Lo ideal es poder compartir la relectura de la oración con una persona de confianza y con experiencia en la vida espiritual.

El portal de espiritualidad ignaciana de la Compañía de Jesús en España propone otros recursos para profundizar en esta manera de orar[33].

* * *

El Padre (*Lc 15,11-32*)

Regreso a Casa
a que cures las heridas de todos mis derroches
sin nada que ofrecer,
acaso unas palabras que ocultan que es tan solo el hambre lo que me ha devuelto a la cordura.

En lugar de preguntar
me vuelves a vestir
　　　　y me calzas con Tu Escucha.

Me regalas un anillo con Tu Nombre.

Tu Abrazo infinitamente circular
　　　　　　　desconoce mi culpa.

Quienes te frecuentan perciben tu locura:
locura absoluta de amor,
oh, Padre.

7. Mirada de compasión de Jesús hacia los enfermos

Los Evangelios presentan a Jesús, a menudo, entrando en relación con enfermos y personas con discapacidades de todo tipo: ciegos, paralíticos, con trastornos mentales (que se describen según los conocimientos de la época como

---

[33] https://espiritualidadignaciana.org.

demonios), con hemorragias, lepra u otras enfermedades que no se nombran. Podemos encontrar varias razones que explican esta repetición de pasajes de curaciones que, con frecuencia, suponen también encontrar la fe. Quiero fijarme en una razón específica, que hace eco a la vivencia del *burnie*: las personas enfermas y en situación de discapacidad son conscientes de que sus fuerzas son limitadas. Reconocen que están incompletas y, por ello, están abiertas a la búsqueda o a recibir. Un candidato a *burnie* vive en la ilusión de que sus fuerzas son ilimitadas, de que puede conseguir todo él solo y a base, únicamente, de su esfuerzo. Es una ilusión que puede terminar en un *burnout*.

Para el *burnie*, agotado y sin fuerzas para llevar a cabo ni una décima parte de las actividades en las que estaba comprometido antes del apagón general, es un enorme consuelo contemplar a Jesús cercano a los enfermos, a los que no pueden hacer casi nada. La buena noticia es que la vulnerabilidad del *burnie* es un terreno propicio para un encuentro con Jesús, con su mirada de compasión y que sana desde el interior.

Propongo los siguientes textos para orar de una manera inspirada en la contemplación ignaciana, que he descrito en el apartado anterior.

Oración–contemplación ignaciana
El paralítico sanado (Lc 5,17-26)

Un día estaba él enseñando, y estaban sentados unos fariseos y maestros de la ley, venidos de todas las aldeas de Galilea, Judea y Jerusalén. Y el poder del Señor estaba con él para realizar curaciones. En esto, llegaron unos hombres que traían en una camilla a un hombre paralítico y trataban de introducirlo y colocarlo delante de él. No encontrando por donde introducirlo a causa del gentío, subieron a la azotea, lo descolgaron con la camilla a través de las tejas, y lo pusieron en medio, delante de Jesús. Él, viendo la fe de ellos, dijo: «Hombre, tus pecados están perdonados». Entonces se pusieron a pensar los escribas y los fariseos: «¿Quién es este que dice blasfemias? ¿Quién puede perdonar pecados sino solo Dios?». Pero Jesús, conociendo sus pensamientos, respondió y les dijo: «¿Qué estáis pensando en vuestros corazones? ¿Qué es más fácil, decir: "Tus pecados te son perdonados", o decir: "Levántate y echa a andar"? Pues, para que veáis que el Hijo del hombre tiene poder en la tierra para perdonar pecados —dijo al paralítico—: «A ti te lo digo, ponte en pie, toma tu camilla y vete a tu casa». Y, al punto, levantándose a la vista de ellos, tomó la camilla donde había estado tendido y se marchó a su casa dando gloria a Dios. El asombro se apoderó de todos y daban gloria a Dios. Y, llenos de temor, decían: «Hoy hemos visto maravillas».

---

* * *

El leproso curado

Se le acerca un leproso, suplicándole de rodillas: «Si quieres, puedes limpiarme». Compadecido, extendió la mano y lo tocó diciendo: «Quiero: queda limpio». La lepra se le quitó inmediatamente y quedó limpio. Él lo despidió, encargándole severamente: «No se lo digas a nadie; pero para que conste, ve a presentarte al sacerdote y ofrece por tu purificación lo que mandó Moisés, para que les sirva de testimonio». Pero cuando se fue, empezó a pregonar bien alto y a divulgar el hecho. (Mc 1,40-45)

* * *

El leproso curado (Mc 1,40-45)

Las no-miradas y la ley
han hecho de mí un intocable,
un fantasma que transita en las circunvalaciones,
un invisible en las cunetas del descarte,
uno de más, uno de muchos.

No pudieron contenerme ni las barreras de la ley
ni las miradas.
Me acerqué a Ti y te tendí
mis brazos.

Y Tú, derribando las barreras de la ley
y las miradas
me tocaste, a mí, al intocable,
con brazos encendidos.

Discúlpame que hoy grite, que proclame, que divulgue
que has devuelto a mi carne
la frescura,
que todo lo humano, a Tu Tacto, es solo bello.

* * *

* * *

Bartimeo (Mc 10,46-52)

Sentado al borde de un camino
solo podía imaginar la claridad que se desprende
del eco de sus pasos.

Mis ojos sellados deseaban recobrar la trayectoria de la luz
para ponerme en pie, saltar y abandonar
                                        mi manto,
para ver, con Él, que todo es nuevo,
para verme, tras Él, de nuevo en marcha.

8. Adán y Eva quisieron ser todopoderosos...

Luego el Señor Dios plantó un jardín en Edén, hacia Oriente, y colocó en él al hombre que había modelado. El Señor Dios hizo brotar del suelo toda clase de árboles hermosos para la vista y buenos para comer; además, el árbol de la vida en mitad del jardín, y el árbol del conocimiento del bien y el mal. El Señor Dios tomó al hombre y lo colocó en el jardín de Edén, para que lo guardara y lo cultivara. El Señor Dios dio este mandato al hombre: «Puedes comer de todos los árboles del jardín, pero del árbol del conocimiento del bien y el mal no comerás, porque el día en que comas de él, tendrás que morir».

La serpiente era más astuta que las demás bestias del campo que el Señor había hecho. Y dijo a la mujer: «¿Conque Dios os ha dicho que no comáis de ningún árbol del jardín?». La mujer contestó a la serpiente: «Podemos comer los frutos de los árboles del jardín; pero del fruto del árbol que está en mitad del jardín nos ha dicho Dios: "No comáis de él ni lo toquéis, de lo contrario moriréis"». La serpiente replicó a la mujer: «No, no moriréis; es que Dios sabe que el día en que comáis de él, se os abrirán los ojos, y seréis como Dios en el conocimiento del bien y el mal». Entonces la mujer se dio cuenta de que el árbol era bueno de comer, atrayente a los ojos y deseable para lograr inteligencia; así que tomó de su fruto y comió. Luego se lo dio a su marido, que también comió. Se les abrieron los ojos a los dos y descubrieron que estaban desnudos; y entrelazaron hojas de higuera y se las ciñeron.

(Gn 2,8-10, 15-17; Gn 3,1-7)

El *burnie* no es responsable de la situación en la que se encuentra. A la vez, una reflexión sobre su manera de relacionarse consigo mismo, con el mundo y con Dios puede ser de gran valor para encontrar un camino saludable de reconstrucción.

Desde esta perspectiva, propongo visitar el texto del libro del Génesis, en el que Adán y Eva desean ser como Dios. Es un texto lleno de símbolos, que ofrece muchas lecturas. Una lectura posible es la dificultad de Adán y Eva de aceptar su condición de creaturas. Esto es, por un lado, no aceptan los límites y se dejan arrastrar por el deseo de ser "todopoderosos" (y por tanto, no reconocer que solo Dios es todopoderoso). Y por otro, al fijar su atención en conseguir aquello que está más allá de sus límites, pierden la capacidad de disfrutar de todo lo creado que está a su disposición. Dejan de ser conscientes de todos esos "árboles hermosos para la vista y buenos para comer" que Dios ha plantado para ellos. Se cierran a recibir los dones del Creador.

De entrada, la tentación de sentirnos "todopoderosos" nos puede sonar a una actitud que no corresponde a nuestra manera de pensar y actuar. Pero podemos hacernos algunas preguntas para sincerarnos con nosotros mismos y explorarnos un poco más allá: ¿me siento responsable del bienestar de todos los que están a mi alrededor y pienso que tengo las claves para hacer feliz y complacer a todo el mundo? ¿Me doy a fondo para que todo sea perfecto en el resultado de mi trabajo y busco incansablemente la manera de superar los obstáculos en la organización donde trabajo o colaboro? ¿Siento culpabilidad si tomo un momento de descanso o desconexión o no respondo inmediatamente a todas las peticiones de ayuda que recibo? Si hemos respondido "sí" o un tímido "a veces" a alguna de estas tres preguntas, que en sí pueden aparecer como ideales apetecibles, tal vez estemos olvidando los límites de nuestra naturaleza humana: no tenemos poderes sobrehumanos para hacer felices a todos los que nos rodean, no tenemos la capacidad de cambiar algunas situaciones, no tenemos la energía para llegar a todo, todo el tiempo. Si alguna de estas preguntas resuena en nosotros, os invito a realizar un ejercicio que requiere una buena dosis de humor hacia sí mismo: escribirse una carta para presentar la dimisión del trabajo de "responsable general del Universo". Curiosamente, es fácil encontrar cartas de este tipo en la web[34].

Esta carta no es una dimisión general. No, no. Al contrario. Liberarme de la carga de "responsable general" me va a permitir cuidar de la parte del jardín que me ha sido confiada, de manera realista y a la vez, permanecer en buena salud.

Preocuparse del bienestar de los otros, querer dejar el mundo en un mejor estado del que lo encontramos, trabajar de manera cuidadosa y responsable son objetivamente buenas actitudes. El problema para el candidato a *burnie* es la manera excesiva en la que se aplica a ellas, cayendo en la tentación de actuar como si fuera "todopoderoso".

Adán y Eva ni cuidaron ni disfrutaron del jardín que habían recibido. Ignorar sus límites los llevó a perder el paraíso. Para un candidato a *burnie*, ignorar sus límites le llevará con seguridad al *burnout*. Para un *burnie* en recuperación puede ser útil realizar este ejercicio cuando sienta que algunos de los síntomas del *burnout* vuelven a aparecer.

Ejercicio: carta de dimisión del trabajo de "responsable general del universo"

Yo (nombre), a (fecha) presento mi dimisión del trabajo de "responsable general del universo", puesto que yo mismo me he atribuido.

Con esto, quiero decir que:

—Renuncio a hacer...

—Acepto la imperfección en...

—Me comprometo a no aceptar automáticamente todas las demandas sobre mi tiempo y atención en relación con...

---

[34] En cualquier buscador, utilizar la frase "I resign as a general manager of the universe".

Renuncio a este trabajo con el objetivo de cuidar y disfrutar de la parte de jardín que me ha sido confiada y que consiste en:

–Cuidar mi cuerpo y mi salud para poder seguir cuidando de los otros y del mundo.

–Disfrutar de...

–Cuidar de...

Firma

9. Agradecer cada día tanto bien recibido

La mejor oración es
la de acción de gracias y alabanza.
Papa Francisco

Pedir conocimiento interno de tanto bien recibido,
para que yo enteramente reconociendo pueda en todo
amar y servir a su Divina Majestad.
Ejercicios Espirituales de Ignacio de Loyola n.º 233

La neurociencia nos explica que nuestro cerebro está programado para prestar más atención a lo peligroso, a lo deficiente, a aquello que puede hacernos daño. Y no solo para dirigir nuestra atención hacia ello, sino también para guardarlo en la memoria. Esta función era muy útil para salvar la vida en aquellos momentos de la historia en los que el ser humano vivía desprotegido en un medio hostil.

Pero ¿está nuestro cerebro también programado para apreciar lo bello, lo bueno, todos los dones recibidos y agradecerlos de manera espontánea? Si nos observamos, nos damos cuenta de que esta actitud requiere un esfuerzo de atención y necesita ser cultivada.

Una de las "trampas" en las que cae nuestra mente es el pensamiento binario: blanco o negro, algo es totalmente bueno o totalmente malo. La terapia cognitivo comportamental explica que estas "trampas" son atajos que nuestro cerebro utiliza para simplificar la realidad, y así ahorrar energía. Es decir, que percibir una situación con tonalidades y relieves necesita un esfuerzo y que hacerlo requiere movilizar nuestra voluntad.

En la travesía del *burnout*, donde los recursos personales son tan escasos y la interacción con el mundo exterior es reducida, es de gran ayuda desarrollar la capacidad de reconocer lo bueno en nosotros, en los otros y en el entorno, agradecerlo y recordarlo regularmente. Incluso en situaciones que aparecen totalmente opacas, podemos esforzarnos en encontrar algo que sea como un destello de vida.

Ejercicio: cuaderno de gratitud

Cada noche, tomar unos minutos para recorrer el día y recordar aquellas situaciones o personas que nos han aportado algo bueno o bello. Apuntar al menos cinco cosas en el cuaderno de gratitud.

En momentos difíciles, retomar el cuaderno y leer todo lo apuntado.

Oración de gratitud al estilo ignaciano[35]

Ignacio de Loyola creía que la gratitud es una de las virtudes más importantes. Propongo una oración de gratitud, inspirada en el "Examen" ignaciano de la jornada. Lo ideal es practicar esta oración cada día antes de dormir, nombrando las bendiciones recibidas ese día y dar gracias a Dios por cada una de ellas.

En una postura cómoda, incluso tumbado, llevo unos instantes la atención a la respiración.

Pido a Dios que me dé a conocer su presencia en este momento.

Pido a Dios que me revele las bendiciones recibidas durante el día: las verdaderamente grandes y las pequeñas también.

Me pregunto: "¿Qué es aquello por lo que estoy más agradecido hoy? ¿Qué me llena de alegría y gratitud?". Nombro ese don ante Dios: "Señor, te estoy muy agradecido por el don de _____". Repito esto una y otra vez durante un momento, dejando que la gratitud penetre dentro de mí. Saboreo un rato ese don. Dejo que broten y rebosen en mi interior los buenos sentimientos, diciendo una y otra vez en mi corazón: "Gracias, Señor".

---

[35] Adaptado de: https://www.loyolapress.com/catholic-resources/espanol/espiritualidad-ignaciana/virtudes-para-todos-los-dias/el-examen-de-gratitud.

Continúo recordando el día y dejo pasar por mi imaginación uno a uno los dones recibidos durante el día y doy gracias a Dios por cada uno.

10. Alegría de culminar y prolongar su Creación con nuestra propia creación

Al igual que experimentamos alegría ante la Creación (un paisaje de montaña, el océano o un bosque), también experimentamos una enorme alegría cuando creamos algo. Creación y creatividad no son lo mismo, dirán los teólogos rigurosos. ¿Pero no se trata del mismo movimiento de vida? ¿Por qué no podríamos los seres humanos realizar actos creadores, nosotros que estamos creados a la imagen de Dios? Todos los artistas os lo podrán decir: el acto creativo es un misterio. Y ese misterio de la creación no lo experimentamos solo como contemplativos pasivos, desde el exterior, como cuando observamos un cielo estrellado. Es un misterio viviente, se siente mucho más profundamente en lo más íntimo, cuando nos visita la inspiración. ¿De dónde vienen, de nuestro interior, esas luces fulgurantes inesperadas, esas intuiciones fundadoras, ese surgir de manantiales que acogemos y transmitimos? ¿De dónde viene esa pasión y esa paciencia por dar un cuerpo, dar una forma y llegar a culminar una obra? Es la alegría de la vida, de los nacimientos y de los comienzos, de las fundaciones y las reconciliaciones. La alegría de la creación y de la re-creación. La alegría de participar en la vida de Dios, de un Dios generoso que no guarda para sí mismo de manera excluyente la capacidad de crear. Sí, es la alegría de culminar y prolongar su Creación con nuestra propia creación.

Carême dans la ville[36]

Crear, prolongar la Creación con la obra de nuestras manos. Este es el consejo espiritual de este apartado. Tanto para *burnies* como para candidatos a *burnies*. Existen tantas formar de creatividad y de prolongar la creación como personas: cuidar las plantas en las macetas de la ventana, preparar un plato sencillo con ingredientes frescos y locales, hacer pan o repostería, dibujar, escribir cuentos o poemas, cantar, tocar algún instrumento musical, bailar,

---

[36] https://www.caremedanslaville.org/meditation/1043.

recitar textos en voz alta, coser, bordar, hacer ganchillo o punto, combinar los colores de la ropa que visto, trabajar con arcilla o con madera... Y solo por el placer de hacerlo, sin más objetivo que añadir algo bello al mundo, con gratuidad.

Puedo dar testimonio de que en mi situación personal escribir poesía espiritual fue uno de los ingredientes de mi superación del *burnout*. He incluido algunos de los poemas del libro *Inesperada luz*[37] y otros inéditos a este *libro*[38].

Ejercicio de reflexión: ¿Cuál es mi actividad creativa?

¿Qué actividad creativa recuerdo con placer de mi infancia o adolescencia? ¿Qué actividad creativa me gustaría retomar, teniendo en cuenta de manera realista no solo mis posibilidades actuales sino también todas mis potencialidades?

Leer lentamente y en voz alta el poema "He plantado un jardín" de Pedro Casaldáliga. ¿Qué me evoca?

He plantado un jardín

He plantado un jardín. Cultivo flores
en latas y a entretiempos.

Practico la belleza inútilmente.

Riego las hojas verdes y sus gritos efímeros.

Las protejo del viento huracanado;
del sol calcinador. Doy cada día
tres o cuatro miradas protectoras,
y sorprendo la Creación haciéndose...

Ellas, las flores, nunca me han dicho cómo sienten
este humano desvelo sin codicias (...).

Pedro Casaldáliga[39]

---

[37] Editorial Monte Carmelo, 2022: https://montecarmelo.com/?s=inesperada+luz+.

[38] Sobre poesía contemporánea y espiritualidad: https://blog.cristianismeijusticia.net/2024/09/25/poesia-contemporanea-y-espiritualidad.

[39] https://tierrasinmales.org/noticia/antolog%C3%ADa-po%C3%A9tica-de-pedro-casald%C3%A1liga-un-legado-de-lucha-y-esperanza.

> **Ejercicio de kintsugi**
>
> Kintsugi es un arte japonés que consiste en reparar una pieza de alfarería rota, reconstruyéndola con las piezas que han podido salvarse y embelleciendo las fisuras con materiales nobles.
> Es una excelente metáfora de la reconstrucción personal tras un *burnout*.
> Si se organiza en tu ciudad un taller de Kintsugi, puede ser una práctica creativa llena de sentido.

11. Silencio, ese tesoro

El silencio es absolutamente necesario para el espíritu humano si realmente quiere salir adelante, y no solo salir adelante, pero también ser creativo, tener una respuesta creativa a la vida, a nuestro medioambiente, a los amigos. Porque el silencio da a nuestro espíritu el espacio de respirar, el espacio de ser.

John Main, OSB

Tú, el Eterno
(...)
si pudieras simplemente extender la mano
para restablecer la calma
en las aguas agitadas de nuestros desasosiegos
curar de su autismo nuestro mundo
de los decibelios y sus acúfenos
oh, qué milagro sería

sentir murmurar en el fondo de sí
fiel y subterráneo
el bajo continuo

de la Fuente escondida.
Gilles Baudry, OSB[40]

---

[40] Del libro *Permanece en vela. Madrid,* Editorial Monte Carmelo, 2023: *https://montecarmelo.com/product/home/libros-por-colecciones/la-fonte/demeure-le-veilleur-permanece-en-vela.*

Un *burnie* o un candidato a *burnie* está como intoxicado por el exceso de cortisol que ha producido durante años. El cortisol es la hormona del estrés, necesaria para la vida y la supervivencia. Es una hormona que nos mantiene alerta para identificar peligros y reaccionar. La dificultad surge cuando el nivel de cortisol no desciende y esto es justamente lo que caracteriza al *burnout* o *preburnout*. La consecuencia es un estado de alerta constante y el sentimiento de estar desbordado por cualquier estímulo sensorial. Es corriente desarrollar una hipersensibilidad al ruido o a las imágenes. Por ello, entrar en espacios silenciosos proporciona calma y seguridad, y reduce el desgaste de energía. Sana.

El silencio tiene varios grados. Uno de ellos es la reducción o la ausencia de ruido exterior. Otro es la observación del ruido interior, hasta que lentamente se vaya calmando como las ondas en un lago en el que ha caído una gota.

Buscar lugares de silencio no es fácil cuando se vive en familia o se trabaja en oficinas diáfanas con ambientes ruidosos. Unos auriculares con sonido blanco ayudan a reducir el nivel de ruido percibido en estas situaciones. El consejo a los *burnies* y candidatos a *burnies* es buscar refugios de silencio a los que acudir cada día, como una iglesia que permanece abierta fuera de las horas de culto. Y simplemente sentarse y disfrutar del tesoro del silencio y de la paz que procura.

Monasterios y casas de espiritualidad son también refugios de silencio, en los que pasar uno o varios días. Personas no creyentes en busca de silencio son bien recibidas en estos lugares.

El ruido físico es solo uno de los estímulos que el *burnie* no puede soportar. En sentido más amplio, existe un ruido digital: la llegada de notificaciones visuales por wasap, las imágenes que desfilan en Instagram o en Facebook. Todo ello es un tipo de ruido perturbador, del que el *burnie* tiene que encontrar la manera de protegerse.

Es probable que antes del *burnout*, el *burnie* fuera una persona muy sociable, que disfrutaba de los encuentros bulliciosos con amigos y familia. Durante el *burnout*, el *burnie* ha perdido esta capacidad, y la actividad social le requiere un alto uso de una energía de la que carece. Para el entorno del *burnie* es una situación nueva y, a menudo, no tienen las claves para entender este cambio de comportamiento. Los amigos y compañeros de comunidad que deseen apoyar a un *burnie* pueden proponerle paseos silenciosos por el bosque u orar juntos en silencio.

En el *burnout* suelen aparecer acúfenos[41]. A veces son tan fuertes que el *burnie* no puede dormir o se despierta con ellos. Los acúfenos son un obstáculo para apreciar el silencio en las primeras etapas del *burnout*. Existen terapias como la autohipnosis que permiten desviar la atención de este ruido producido por nuestro propio cerebro hasta aprender a ignorarlo. Actualmente, el CSIC está desarrollando un estudio clínico[42] sobre terapias sonoras[43] para combatir los acúfenos. Como se expuso en la introducción, es importante acudir a un especialista para descartar una causa fisiológica de los acúfenos.

En algún momento, todo *burnie* se convierte en un buscador de silencio y descubre que el silencio es un tesoro. Para algunos, la búsqueda termina aquí. Para otros, la búsqueda continúa explorando maneras de orar contemplativas y frecuentando a los grandes maestros contemporáneos del silencio, como John Main, OSB, Franz Jalics, SJ o Thomas Keating, OCSO, entrando así en grados sucesivos de silencio.

12. Dejarse tocar por la belleza: el arte y la naturaleza

> Y solo con mirarlos
> vestidos los dejó de su hermosura.
> San Juan de la Cruz

> La palabra verdaderamente poética
> participa analógicamente de la Palabra de Dios.
> Papa Francisco[44]

El hombre fue hecho, precisamente, para ser el corazón palpitante y el ojo despierto del universo viviente; ya no es ese ser desarraigado, eterno solitario que mira de reojo al universo desde un lugar aparte. Si podemos pensar en el universo, es porque el universo piensa dentro de nosotros. Tal vez nuestro destino sea parte de un destino mayor que nosotros mismos. Esto,

---

[41] P. COBO PARRA, M. CUESTA RUIZ, *Los acúfenos. Madrid,* CSIC 2024. Un interesante libro de referencia:: https://www.csic.es/es/actualidad-del-csic/un-nuevo-libro-del-csic-explica-las-caracteristicas-y-tratamientos-de-los-acufenos.

[42] https://www.itefi.csic.es/es/content/estudio-clinico-sobre-terapias-sonoras-del-acufeno.

[43] https://www.itefi.csic.es/es/rd/terapias-sonoras-del-acufeno.

[44] https://www.vatican.va/content/francesco/es/letters/2024/documents/20240717-lettera-ruolo-letteratura-formazione.html.

lejos de disminuirnos, nos agranda: nuestra existencia ya no es esta aventura absurda e inútil entre dos polvaredas; goza de una perspectiva abierta. Desde esta perspectiva, nuestra mirada que percibe la belleza y nuestro corazón que se conmueve por la belleza dan un sentido a aquello que el universo ofrece en términos de belleza y, al mismo tiempo, el universo cobra sentido y nosotros cobramos sentido con él.

François Cheng[45]

Al igual que podemos prolongar la Creación con nuestra propia creación, también podemos dejarnos tocar por la belleza de lo creado, por Dios en la naturaleza o por el ser humano en el arte. El "medicamento" que me prescribieron dos médicos diferentes para volver a encontrar el equilibrio en mi sistema hormonal totalmente trastocado por el *burnout* fue estar a menudo en contacto con algo bello y sentir el placer de esa contemplación estética. El fundamento biológico es la liberación de endorfinas u hormonas del placer, necesarias para nuestro equilibrio.

No es una superficialidad para un *burnie* buscar ocasiones de salir al campo, a la sierra, a ver una exposición, o a escuchar un concierto de música clásica. Es una necesidad terapéutica. Leer bellos textos literarios o escuchar atentamente una canción es un alimento necesario para el espíritu. Vivir estas salidas con calma, en compañía de un buen amigo, sin buscar cumplir ningún objetivo, es tan necesario para un *burnie* como respirar.

Dios es Belleza. Como escribió san Juan de la Cruz en su famosísimo *Canto Espiritual*: "Y solo con mirarlos / vestidos los dejó de su hermosura", toda la Creación refleja la Belleza de Dios. Contemplar esa belleza es una profunda experiencia espiritual. Igualmente lo es disfrutar de la palabra poética que, como nos recuerda el papa Francisco, "participa analógicamente de la Palabra de Dios".

Ejercicio: disfrutar cada día de un momento de belleza

Disfrutar de un momento de belleza cada día, disfrutarlo de manera consciente.

Al final del día, dibujar una pequeña flor en su agenda o calendario si hemos disfrutado de ese momento.

---

[45] F. CHENG, *Œil ouvert et cœur battant. Comment envisager et dévisager la beauté*. Paris, Desclée de Brouwer Poche, 2016.

13. Orar con las emociones. Pidamos el don de la alegría

María, cuando llegó a donde estaba Jesús, al verle, se postró a sus pies,
diciéndole: «Señor, si hubieses estado aquí, no habría muerto mi hermano».
Jesús entonces, al verla llorando, y a los judíos que la acompañaban, también
llorando, se estremeció en espíritu y se conmovió.

(Jn 11,32-33)

Entonces, mirándolos con ira, apenado por la dureza de su corazón, dice
al hombre: «Extiende la mano». El la extendió y quedó restablecida su mano.

(Mc 3,5)

En aquel momento Jesús, lleno de alegría por el Espíritu Santo, dijo:
«Te alabo, Padre, Señor del cielo y de la tierra, porque habiendo escondido
estas cosas de los sabios e instruidos, se las has revelado a los niños.
Sí, Padre, porque esa fue tu buena voluntad».

(Lc 10,21)

Pedir gracia para alegrarme y gozarme
de tanta gloria y gozo de Cristo nuestro Señor.
Ejercicios Espirituales de Ignacio de Loyola, n.º 221

La alegría cristiana no es una alegría que se construye
al margen de la realidad, ignorándola o haciendo como si no existiese.
La alegría cristiana nace de una llamada a tomar y cuidar la vida (...).
No nos dejemos robar la alegría, cuidémosla y ayudémosla a crecer[46].

Papa Francisco

Las emociones humanas básicas son cinco: alegría, tristeza, miedo, ira y asco.
Algunos autores añaden también la sorpresa. Están genialmente representadas
en la película *Inside Out*[47]. Las emociones pueden ser agradables o desagradables, pero no pueden clasificarse como "buenas" o "malas". Cada emoción
tiene una función vital para nuestra supervivencia. Se desencadenan cuando
algo de sumo valor para nosotros está en juego. Podemos considerarlas como

---

[46] https://www.vatican.va/content/francesco/es/letters/2016/documents/papa-francesco_20161228_santi-innocenti.html.

[47] Pixar Animation Studios, 2015.

mensajeros de nuestro funcionamiento psicológico. Cada emoción tiene unas manifestaciones corporales específicas, que nos permiten reconocer qué emoción, o grupo de emociones, estamos experimentando.

¿Por qué hablamos de las emociones? Porque el candidato a *burnie* se ha ido desconectando no solamente de su cuerpo, como explicamos en apartados anteriores, sino también del mensaje de sus emociones. Un elemento de prevención del *burnout* es la capacidad de reconocer, nombrar, expresar y entender qué nos dicen sobre nosotros mismos esas emociones.

Los Evangelios presentan a Jesús como un hombre que sentía emociones, las expresaba y, además, le llevaban a la acción. Sintió tristeza con la muerte de su amigo Lázaro y lloró por él. Sintió irá ante la dureza de corazón de los hombres que frecuentaban el templo, pero que eran indiferentes al sufrimiento de un hombre paralizado. El Evangelio describe que «los miró con ira». También experimentó la alegría profunda al ver como la revelación se daba a las personas sencillas.

Las emociones son cortas e intensas, y se reconocen por sus manifestaciones corporales. Propongo un primer ejercicio para familiarizarse con las emociones y reconocerlas:

Ejercicio: reconocer las manifestaciones corporales de las emociones

Para cada emoción básica, recuerdo una situación donde la haya vivido. Apunto cómo se ha manifestado en mi cuerpo. A veces, una misma situación puede provocar varias emociones.

El objetivo del ejercicio es convertirse en observador de sus emociones y darse cuenta de que, por ejemplo, puedo sentir la emoción de la ira, pero mi persona completa es mucho mayor que esa emoción. Siento emociones, pero yo no soy mis emociones.

Emoción	Manifestaciones corporales	¿Es agradable o desagradable?
Alegría		
Tristeza		
Ira		

Emoción	Manifestaciones corporales	¿Es agradable o desagradable?
Miedo		
Asco		

También puedo hacer el ejercicio cuando una situación vivida desencadena una emoción.

Las emociones surgen cuando algo que es realmente importante para nosotros está en juego.

Jesús siente tristeza por la muerte de su amigo Lázaro. La tristeza es una emoción asociada a la pérdida, y que nos habla de cuánto amábamos lo que hemos perdido.

Jesús siente ira por la dureza del corazón de unas personas. La ira surge cuando algo que tiene mucho valor para nosotros sufre un ataque. En este caso, es la compasión hacia el sufrimiento de los otros. La ira es una fuerza vital que surge para luchar contra las injusticias. Es humano sentir ira. La cuestión es cómo utilizar esa fuerza de una manera no violenta.

Jesús experimenta alegría al ver como las personas sencillas acogen su Palabra. La alegría es una emoción que brota cuando vivimos situaciones de plenitud, humana o espiritual.

Las emociones de miedo y asco nos protegen de situaciones potencialmente peligrosas para nuestra persona o para personas o valores que son importantes para nosotros.

Ejercicio: ¿Cuál es el mensaje de las emociones?
¿Qué me revelan sobre aquello que es importante para mí?

Para cada emoción básica, recuerdo una situación donde haya vivido esa emoción. Reflexiono sobre qué me revela cada emoción respecto de lo que es importante para mí y que se ve afectado por la emoción que desencadena la emoción.

El paso siguiente es decidir qué acción tomar, no basada en el primer impulso provocado por la emoción, sino anclada en lo que la emoción me revela como un valor importante para mí.

Emoción	¿Qué me revela? ¿Puedo identificar cuáles son mis valores profundos, que están en juego y que han hecho surgir la emoción?	¿Qué acción quiero tomar, basada en mis valores profundos y no en el impulso primero de la emoción?
Alegría		
Tristeza		
Ira		
Miedo		
Asco		

También puedo hacer el ejercicio de pararme cuando una situación desencadena una emoción, antes de lanzarme a la acción. Tal vez esta fuera la actitud de Jesús cuando decide escribir en el suelo antes de reaccionar ante el grupo dispuesto a apedrear a una mujer hasta la muerte.

Entonces los escribas y los fariseos le trajeron una mujer sorprendida en adulterio; y poniéndola en medio, le dijeron: «Maestro, esta mujer ha sido sorprendida en el acto mismo de adulterio. Y en la ley nos mandó Moisés apedrear a tales mujeres. Tú, pues, ¿qué dices?». Mas esto decían tentándole, para poder acusarle. Pero Jesús, inclinado hacia el suelo, escribía en tierra con el dedo. Y como insistieran en preguntarle, se enderezó y les dijo: «El que de vosotros esté sin pecado sea el primero en arrojar la piedra contra ella». E inclinándose de nuevo hacia el suelo, siguió escribiendo en tierra. Pero ellos, al oír esto, acusados por su conciencia, salían uno a uno, comenzando desde los más viejos hasta los postreros; y quedó solo Jesús, y la mujer que estaba en medio. Enderezándose Jesús, y no viendo a nadie sino a la mujer, le dijo: «Mujer, ¿dónde están los que te acusaban? ¿Ninguno te condenó?». Ella dijo: «Ninguno, Señor». Entonces Jesús le dijo: «Ni yo te condeno; vete, y no peques más».

(Jn 8,3-11)

Los Salmos, en la Biblia, expresan con libertad, y a veces de manera desgarradora, todas las posibles emociones humanas. Orar con los salmos es una excelente ayuda para convertir las propias emociones en oración.

Decidir de antemano cuanto tiempo voy a orar con el salmo. Leerlo en voz alta lentamente, cada vez desde una perspectiva diferente:

—La perspectiva del autor, en su tiempo, en su historia.

—Mi propia subjetividad. ¿Qué expresa el salmo de mi propia vivencia y emociones? ¿Qué palabras utilizadas por el salmista hacen eco en mí?

—Recitarlo como lo recitaría Jesús, que también oró con ese salmo y que también expresó así sus emociones.

Puedo detenerme en aquella palabra o frase que me toca especialmente, y repetirla, rumiarla, como se mastica un alimento.

De todas las emociones, la alegría ocupa un lugar central en la espiritualidad cristiana. Ignacio de Loyola propone pedir la gracia de la alegría durante la cuarta semana de los Ejercicios Espirituales. El papa Francisco nos recuerda, a menudo, la importancia de pedir a Dios el don de la alegría. Es la alegría que sentimos al agradecer todo lo recibido, como exploramos en el apartado 9. Y un paso más. Es la alegría de sentirnos amados en el abrazo incondicional de Dios, como en la parábola del Padre pródigo del apartado 6. Y otro paso más. Es la alegría de la Pascua de Resurrección, de sabernos salvados y contemplar desde esa perspectiva lo que nos acontece en la vida. Esta alegría es la gracia para pedir y para celebrar.

14. ¿Cómo reaccionar ante perversos narcisistas y manipuladores? Distancia, sanar el yo, perdón

> El perdón no es solo una exigencia moral para los cristianos. Es también, desde el punto de vista de la psicología, un acto terapéutico. El perdón es la herramienta cristiana por excelencia para liberarse del mal.
>
> Anselm Grün [49]

---

[48] https://www.conferenciaepiscopal.es/biblia/salmos.

[49] A. Grün, *Rencontrer le mal. Vers une coexistence réconciliée*. Montreal, Éditions Médiaspaul 2015.

El *burnout* es causado por una multiplicidad de factores. Para muchos de los *burnies* con los que he tenido la ocasión de conversar, el haber estado en relación con una personalidad perversa narcisista ha sido el desencadenante principal de su *burnout*.

La dificultad principal para un candidato a *burnie* es que no sabe o no puede creer que existen personas con un trastorno de la personalidad que se define como perverso narcisista. El candidato a *burnie* está convencido de que todas las personas son empáticas como él, trabajan para el bien común y desean el bien de los otros. Esto le convierte en presa fácil para las personas que, por razones que no vamos a explorar, han desarrollado un trastorno del comportamiento perverso narcisista. Este comportamiento es difícil de detectar, porque se aproximan a sus víctimas de manera amable y seductora. Además, eligen una sola víctima a la vez, de tal manera que el resto del entorno no es consciente de lo que está ocurriendo. La víctima va cayendo en una situación de aislamiento y tiene pocas posibilidades de encontrar apoyo. Cuando la víctima está confiada, la persona con un trastorno perverso narcisista despliega un comportamiento destructivo, siempre entre medias tintas, que provoca malestar psicológico en la persona objeto del acoso. Este malestar y desestabilización van en aumento. Puede llegar hasta el suicidio de la víctima, lo cuál es la máxima victoria de un perverso narcisista. Existe mucha literatura sobre la perversión narcisista[50]. Pero solo existe una salida para la víctima: alejarse y ponerse a salvo. Y cuanto antes, mejor.

La psicóloga Christel Petitcollin[51] ha desarrollado la teoría de que las personas que "piensan demasiado" están en mayor riesgo de caer en las redes de un perverso narcisista o de personas con rasgos de personalidad manipuladora. En su experiencia, las personas que "piensan demasiado" intentan encontrar un sentido lógico al comportamiento de los demás. Esta tarea es imposible ante un perverso narcisista porque su manera de actuar, que busca la destrucción del otro por placer, es simplemente inconcebible para una persona con buena salud mental.

Tras alejarse y ponerse a salvo, probablemente la víctima tenga que reconstruirse a través de terapias, como el EMDR, para superar los traumas causados, la caída de la autoestima e incluso los sentimientos de culpabili-

---

[50] T. Erikson, *Rodeados de narcisistas. Madrid, Editorial Planeta 2024.*

[51] https://www.christelpetitcollin.com/fran%C3%A7ais/livres/livre-pourquoi-trop-penser-rend-manipulable/.

dad y vergüenza por haberse dejado dañar por un perverso narcisista. Lo afirmamos una y otra vez: la víctima no tiene ninguna culpabilidad respecto al manipulador que ha abusado de su confianza, buena disposición y generosidad.

Desgraciadamente, la Iglesia católica como institución no se libra de la presencia de personalidades perversas narcisistas, manipuladoras y abusadoras. Además de los execrables abusos sexuales que van saliendo a la luz, han existido y existen formas de abuso de conciencia y de poder y de manipulación con menos cobertura mediática. A esto se añade una desvirtuada concepción de la humildad y de la disposición total al servicio inculcada a muchos cristianos. Esta combinación hace de muchos, y sobre todo de muchas, presas facilísimas. La sana humildad consiste en no sentirse superior a nadie, pero incluye también no sentirse inferior. Según Eckhart Tolle: «En esencia, no eres inferior ni superior a nadie, la verdadera autoestima y la verdadera humildad surgen de esa comprensión». Es decir, que la práctica de la virtud de la humildad se realiza conjuntamente con la práctica del amor a sí mismo o, en otros términos, de la autoestima.

Autoestima y narcisismo son conceptos radicalmente opuestos. La autoestima cuida del "yo" (*self*), de esa parte de mí que merece ser amada, que ya es amada, que recibe el reconocimiento gratuito y amoroso de Dios y de los amigos verdaderos. El narcisismo crece del ego, esa otra parte de la psicología humana que busca competir, dominar y quedar por encima sin ningún respeto por los otros.

Una vez tomada la distancia necesaria hacia la persona perversa narcisista o manipuladora y comenzada la terapia para sanar los traumas causados por ella, podemos emprender el largo camino del perdón. Existen muchas definiciones del perdón. Tal vez una aplicable a este caso sería vivir en paz con lo pasado y no buscar o desear mal al agresor. No implica dejar de buscar justicia, si los actos cometidos merecen ser sometidos a la justicia penal o a una sanción disciplinaria.

Una imagen que ilustra lo que es el perdón es la visita de san Juan Pablo II a la persona que intentó asesinarle en la cárcel. El vídeo de este encuentro es conmovedor[52].

---

[52] https://www.vaticannews.va/es/vaticano/news/2021-05/los-disparos-el-miedo-la-oracin-y-el-perdon-andrea-tornielli.html.

El fundador de los Círculos de perdón[53], Olivier Clerc, define el perdón como "la curación de las heridas del corazón". Su enfoque totalmente laico recuerda que el perdón es un bien universal.

Oración y perdón

En la oración, pedir al Señor la gracia de perdonar. De la misma manera que san Alfonso María de Ligorio rogaba: «Dame todo ese amor que de mí pides», podemos rogar: «Dame el don de perdonar que de mí pides, el don de ser como Tú cuando en la cruz perdonas a tus agresores».

En el Padrenuestro decimos: «Perdónanos como nosotros perdonamos». También podemos orar: «Que perdonemos como Tú perdonas».

---

15. A la imagen de Dios Trinidad: relación y comunidad

Celebrar la Santísima Trinidad no es solo un ejercicio teológico, sino una revolución de nuestra manera de vivir[54].
Papa Francisco

Las monjas del Monasterio de la Santísima Trinidad en Suesa[55] han elaborado con sus propias manos una bella metáfora de Dios Trinidad. Se trata de una vidriera donde tres figuras danzan en total armonía y de esa danza va surgiendo todo lo creado. Una de las figuras rompe con su pie una cadena. Es una danza abierta que invita a unirse a aquel que la contempla.

Dios creó al hombre a su imagen y semejanza[56]. En la fe cristiana, Dios es Trinidad, es relación entre Padre, Hijo y Espíritu Santo, es comunidad. ¿Qué significa para nuestra concepción del ser humano sabernos creados a imagen de la Trinidad? ¿Y qué revolución implica para nuestra manera de vivir?

---

[53] https://es.journeeinternationaledupardon.org.

[54] https://www.vaticannews.va/es/papa/news/2022-06/papa-francisco-angelus-domingo-12-junio-santisima-trinidad-2022.html.

[55] https://www.monjasdesuesa.org.

[56] Gn 1,27.

Una respuesta posible es que podemos reconocer la presencia de Dios allí donde se construyen o se restauran relaciones auténticas y sanas. Aún más: que podemos continuar la creación de Dios en nuestro mundo contribuyendo a crear y mantener este tipo de relaciones. Un *burnie* o un candidato a *burnie* ha experimentado, probablemente, la profunda alegría de participar de esta vida relacional que es la vida de Dios Trinidad. Y, probablemente, como impulsor de esas relaciones o animador de la comunidad.

En la situación de agotamiento en la que se encuentra el *burnie* o el candidato a *burnie* es necesario, por un tiempo, pasar de impulsar a dejarse transportar, a dejarse mecer por esa danza. No es un cambio fácil, pero necesario.

Ejercicio: dejarme sostener por los otros

Identificar los grupos o comunidades donde participo con un rol de liderazgo o de organización.

Elegir dejar ese rol en alguno de esos lugares o en todos por un tiempo y pasar a ser un simple miembro o participante.

Observarse internamente en ese nuevo rol. ¿Qué se mueve dentro de mí? ¿Cómo vivo el ser sostenido por los otros?

Oración. Rezo de las horas

El rezo de las horas, que se practica en los monasterios, es un regalo al que cualquiera puede acceder. A determinadas horas, toda la comunidad se reúne para maitines, laudes, tercia, sexta, nona, vísperas o completas (o para alguna de estas horas). Es una oración coral, como un diálogo entre los recitantes. El tiempo del trabajo se detiene para dejar paso al tiempo de la oración. Se recitan o cantan salmos u otros textos. Como vimos en el apartado 13, los salmos son un repertorio de todas las emociones humanas, expresadas de manera poética y con gran potencia.

La propuesta de oración es participar en el rezo de las horas en algún monasterio y experimentar ese dejarse sostener por la oración de la comunidad y de la Iglesia.

Ese dejarse sostener por la comunidad y por la Iglesia también puede experimentarse durante la participación en la celebración dominical. Recibir el cuerpo de Cristo en la comunión es un pilar de la vida espiritual porque supone un encuentro personal y comunitario con Jesucristo más allá de cualquier sentimiento.

Este último apartado sobre las relaciones y el dejarse sostener y acompañar subyace en todos los anteriores. El *burnie* puede sentir soledad e incomprensión, pero no está solo. Probablemente, la travesía del *burnout* sea un momento en el que las relaciones gratuitas y profundas emerjan con claridad, y otras superficiales o interesadas desaparezcan. En esta travesía, un acompañante espiritual, formado en la escucha, con capacidad de ayudar al *burnie* a aceptar lo que es (sin aceptación de lo real no hay comunión), a apreciar aquello que le empuja hacia la vida (o la Vida con mayúscula) y a darle más espacio, a detectar aquellas voces internas que van en dirección contraria a la vida y ayudarle a apartarlas de su atención, es un tesoro.

Querido *burnie*, querido candidato a *burnie*, mi última propuesta es: emplea algo de la energía que tienes disponible en la búsqueda de un acompañante espiritual, sacerdote, religioso, religiosa, laico o laica.

CONCLUSIÓN

Querido *burnie*, candidato a *burnie* o acompañante espiritual de un *burnie*:
Te escribo desde mi experiencia y la convicción de que, aunque el cuerpo y la mente puedan estar en *burnout*, la vida espiritual, esto es, la vida del Espíritu Santo en nosotros no puede caer nunca en *burnout*. Es mi deseo que las pistas que propongo en este libro te orienten hacia ese mismo descubrimiento.

Espero que, en algún momento, al hacer balance, puedas experimentar que la ruda prueba del *burnout* te ha empujado a pensar más grande, a sentir más íntimo y a tomar algunas decisiones para vivir en mayor sintonía con aquello que es fuente de sentido y de alegría para ti.

Gracias por haber compartido estas páginas conmigo.

2

CONSIDERACIONES TERAPÉURICAS

A continuación, expongo brevemente cuatro terapias apropiadas para la superación de un *burnout*. Esta descripción puede orientar la búsqueda de un terapeuta adecuado para la situación y el momento en el que se encuentre el *burnie* o candidato a *burnie*. Es importante que el *burnie* se escuche y decida en plena confianza hacia sí mismo si es el momento de comenzar, seguir o interrumpir una terapia, según perciba el nivel de sus recursos internos y sus necesidades. También es crucial que se permita sentir si se ha establecido o no una alianza terapéutica con el terapeuta, si esta le conviene o no y darse el permiso para buscar otro terapeuta.

La Organización Mundial de la Salud publicó en el 2020 una guía ilustrada para gestionar el estrés, *En tiempo de estrés, haz lo que importa*. Puede ser un instrumento de primera línea si no se puede acudir a una terapia[57].

1. Terapia de Aceptación y Compromiso (ACT)

La Terapia de Aceptación y Compromiso (ACT)[58], traducción del inglés "Acceptance and Commitment Therapy", tiene como objetivo ayudar al paciente a recobrar su "flexibilidad psicológica". Esto es, a elegir con libertad cómo actuar de la manera más acorde con sus propios valores. En otras palabras, que la persona sea capaz de tomar decisiones conscientes, y no bajo el impulso de sus emociones, pensamientos recurrentes o una manera automática de reaccionar.

Para ello, el ACT propone seis puertas de entrada al funcionamiento psicológico de la persona. El terapeuta guía al paciente a entrar por una de esas seis puertas y a viajar por su propia psicología en búsqueda de aquello que es

---

[57] https://www.who.int/docs/default-source/mental-health/sh-2020-spa-3-web.pdf?sfvrsn=34159a66_2.

[58] R. Harris, *ACT made simple: An easy-to-read primer on acceptance and commitment therapy*. Oakland, New Harbinger Publications 2019.

fuente de sentido y vida, esto es, sus "valores". Una vez que la persona ha identificado sus valores, el terapeuta invita al paciente a elegir una actitud o acción que responda a esos valores y a comprometerse a ponerla en práctica.

En el apartado 4 expusimos que el fundador del ACT, el psicólogo estadounidense Stephen Hayes[59], reconoce la influencia de la espiritualidad cristiana y, en particular, de la espiritualidad ignaciana, en el desarrollo de esta terapia. El ACT está también influido por la obra del psiquiatra austriaco Víctor Frankl, superviviente de un campo de concentración nazi. En su libro *El hombre en busca de sentido*, Frankl relata cómo pudo sobrevivir al horror gracias a su capacidad de conectarse a aquello que daba sentido a su vida: la esperanza de volver a encontrarse con su esposa y el ayudar a otros prisioneros con sus conocimientos médicos.

Las seis puertas de entrada del ACT son:

a) Colocarse en la posición de observador de su cuerpo y de su interioridad como lugares donde se producen fenómenos psicológicos.

b) Estar presente "aquí y ahora", a través de la práctica del *mindfulness*.

c) Las emociones.

d) Los pensamientos.

e) Los valores.

f) Acción o actitud comprometida con sus valores.

El terapeuta acompaña a su cliente a entrar por una de esas puertas en busca de la acogida y aceptación de los fenómenos psicológicos que le acontecen desde una postura de observador. A la vez, le empuja hacia la búsqueda de aquello que es fuente de sentido en su vida (sus valores), a la formulación de acciones que surgen de esos valores y al compromiso consigo mismo de ponerlas en práctica.

La terapia ACT ha desarrollado diferentes instrumentos y técnicas para facilitar este proceso.

a) Postura de observador de sus propios fenómenos psicológicos

Tal vez este sea el primer paso para el autoconocimiento y el desarrollo personal. Puedo observar mis emociones, mi flujo de pensamientos, mis reacciones automáticas ante ciertas circunstancias..., y no identificarme con ellas. Es de-

---

[59] https://stevenchayes.com

cir, mi persona es mucho más que los fenómenos psicológicos que ocurren en mí y puedo tomar cierta distancia de ellos, para comprenderlos. Por ejemplo, puedo experimentar tristeza, pero no soy mi tristeza.

La "relectura" de los momentos de oración es una práctica habitual en la espiritualidad ignaciana. Consiste en tomar nota de lo que ha ocurrido en mi interior desde el punto de vista de emociones, sentimientos, llamadas, luces..., para encontrar, con la ayuda de un acompañante, indicios de como Dios me "habla" a través de mi psicología. Las personas que practican la relectura de la oración ya han adquirido una gran capacidad de autoobservación.

b) Presente "aquí y ahora", a través de la práctica del mindfulness

El ACT está influido por la filosofía budista, aunque sin sus referencias religiosas. Una de estas influencias es la práctica de la meditación, durante las sesiones terapéuticas o entre ellas. Prefiero utilizar el término *mindfulness* para referirme a este tipo de meditación laica.

El *mindfulness* consiste en ejercitar la atención dirigiéndola a la respiración o a las sensaciones corporales, regresando una y otra vez a ese punto de anclaje, cada vez que la atención se dispersa[60] (para comenzar o avanzar en la práctica del *mindfulness*, recomiendo algunos libros del psiquiatra francés Christophe André).

c) Las emociones

En la terapia ACT, las emociones son como como tormentas que se generan en nosotros cuando uno de nuestros "valores" entra en juego. Son cortas e intensas. No son positivas ni negativas, pero sí podemos calificarlas como agradables o desagradables. No podemos impedir su aparición, pero sí acogerlas al mismo tiempo que no nos fusionamos con ellas.

El trabajo de las emociones es central en el ACT: aprender a reconocer sus manifestaciones corporales, aprender a nombrarlas, aprender a observarlas. Y finalmente, apreciarlas como mensajeros extraordinarios: a través de las emociones podemos identificar y conectarnos con los "valores" que han activado esa emoción.

---

[60] C. ANDRÉ, *Meditar día a día. 25 lecciones para vivir con mindfulness* (2012) o *Tiempo de meditar (2020)*, ambos de la Editorial Kairós.

En el apartado 13 tratamos las emociones como un recurso para la vida espiritual.

d) Los pensamientos

Nuestra mente produce miles de pensamientos cada día. El enfoque del ACT hacia este flujo incesante de pensamientos es la "defusión cognitiva", (traducción literal del inglés, "cognitive defusion"). Como explicamos en el apartado 4, consiste en colocarse en posición de observador de sus pensamientos, lo que presupone no identificarnos ni fusionarnos con ellos. Más bien, observarlos como un producto de nuestra mente. Y darnos la libertad de dejarnos llevar por ellos o ignorarlos.

e) Los valores

En el ACT, los valores son propios a cada persona, aunque pueden ser comunes a un grupo o a una sociedad. En el contexto del ACT, un "valor" es aquello que conecta a la persona a la vida y al sentido. Por ejemplo: amor, amistad, espiritualidad, conexión, salud, responsabilidad, creatividad, autenticidad...

Ser consciente de sus valores permite tomar acciones que los respeten y desarrollen. En situaciones en las que el margen de maniobra es reducido, conectarse a sus valores es una fuente de resiliencia. Una ilustración extrema es la manera como el doctor Víctor Frankl sobrevivió a la brutalidad de un campo de concentración gracias a su capacidad de inspirarse en sus valores: el amor hacia su esposa y el cuidado médico hacia los otros, como se mencionaba anteriormente.

f) Acción o actitud comprometida con sus valores

El objetivo final del ACT es acompañar a la persona al compromiso de que sus actos estén en concordancia con sus valores, a la vez que acepta que estos actos no sean necesariamente aquellos a los que sus emociones o el flujo de sus pensamientos le hubieran impulsado en un primer momento. La persona recobra así su libertad interior para elegir qué comportamiento es el más ajustado en cada situación.

Como resumen, el ACT está indicado como prevención o en cualquier momento del *burnout*, una vez que la persona se sienta con fuerzas para comenzar una terapia. El terapeuta ACT se adapta por definición al "aquí y ahora" del paciente. Además, el ACT contiene valiosos instrumentos de autoconocimiento, que el *burnie* o candidato a *burnie* puede apropiarse y utilizar en su vida diaria.

2. EMDR

EMDR es el acrónimo de la expresión inglesa "Eye Movement Desensitization and Reprocessing". Es una terapia reconocida por la Organización Mundial de la Salud para el tratamiento del estrés postraumático[61].

Se basa en la idea de que pensamientos, sentimientos o comportamientos negativos son el resultado de memorias que el cerebro no ha sido capaz de procesar durante el sueño. El psicólogo o terapeuta invita al paciente a fijar su atención en asociaciones espontáneas que le surgen tras traer a la memoria las imágenes traumáticas, a la vez que induce una estimulación bilateral del cerebro. Esta estimulación se consigue a través de movimientos horizontales continuos de los ojos o dando pequeños golpecitos alternos en las partes izquierda y derecha del brazo o pierna[62].

El EMDR es apropiado para sanar los traumas que han contribuido al *burnout*, como el acoso moral (ver apartado 14) o ser víctima de un entorno tóxico. Es una terapia eficaz, pero requiere mucha capacidad de atención y suficiente energía física y emocional por parte del paciente. Por esa razón, es preferible utilizarla solo cuando el *burnie* sienta que ha recuperado suficientes fuerzas.

3. Terapia Cognitivo-Comportamental (TCC)

La Terapia Cognitivo-Comportamental (TCC) ayuda a las personas a identificar y cambiar patrones de pensamiento negativos o distorsionados que pueden estar contribuyendo a problemas emocionales o conductuales. Al modificar estos pensamientos, se busca generar cambios positivos en las emociones y

---

[61] «Guidelines for the management of conditions specifically related to estrés», World Health Organization, 2013: https://mail.google.com/mail/u/0/#search/WHO/QgrcJHrtvXfflzXnb CwWSwnsjVNCPVzHWmB?projector=1&messagePartId=0.1.

[62] Instituto español IMRD: https://iemdr.es/Que-es-EMDR.

comportamientos, mejorando el bienestar general. Se centra en el presente y está orientada a la resolución de problemas.[63]

La TCC ha sistematizado las "distorsiones cognitivas" o trampas de la mente. Con este término se definen maneras simplificadas de percibir la realidad, que nuestro cerebro utiliza habitualmente para ahorrar energía, pero que nos pueden inducir a una comprensión errónea de la situación que vivimos y causarnos daño psicológico. Por ejemplo:

a) Filtraje o abstracción selectiva: ante una situación, nos quedamos con una única interpretación normalmente negativa, sin prestar atención a otras circunstancias que pueden contradecir o cambiar esa interpretación.

b) Pensamiento polarizado o blanco-negro, sin matices.

c) Interpretación del pensamiento: creencia inexacta de que sabemos lo que otra persona está pensando.

d) Generalización excesiva.

e) Visión catastrófica. El psicólogo Santandreu la define de manera divertida como "terribilizar", aunque puede ser muy dañino para la persona imaginar y sufrir por escenarios terribles que nunca van a llegar a ocurrir.

f) Personalización: tomar comentarios o acciones de otros como si se dirigieran personalmente hacia nosotros.

g) Falacia de "tengo que continuar porque ya he invertido mucho en este proyecto". Es muy importante para un *burnie* poder liberarse de esta trampa mental para abrirse puertas en la reconstrucción de su carrera profesional y vida social.

La TCC ayuda a la persona a caer en la cuenta de la existencia de estos pensamientos dañinos y a remplazarlos por otros que son beneficiosos para ella.

La TCC necesita que el paciente movilice recursos emocionales y mentales y que esté dispuesto a poner seriamente en cuestión su manera de percibir y relacionarse con el mundo. Al tratarse de una terapia breve, las sesiones son intensas y frecuentes. Por tanto, es aconsejable comenzarla solo cuando el *burnie* sienta que ha recuperado suficiente energía. Es una terapia de gran utilidad para prevenir el *burnout*, porque permite remplazar bucles de creencias y pensamientos dañitos por otros saludables.

---

[63] La web del psicólogo Rafael Santandreu es una buena fuente de recursos en relación con la TCC: https://www.rafaelsantandreu.es.

4. Terapia de Sistemas de Familias Internas

La Terapia de Sistemas de Familias Internas[64] (IFS, por sus siglas en inglés, *Internal Family Systems*) fue desarrollada por Richard Schwartz[65]. Esta terapia se basa en la idea de que nuestra mente está compuesta por diferentes "partes" o subpersonalidades, cada una con sus propios pensamientos, emociones y comportamientos. Estas partes pueden incluir, por ejemplo, una parte que busca protegernos, otra que se siente vulnerable o una que está enfocada en la perfección.

El objetivo de la terapia IFS es ayudar a las personas a reconocer, comprender y sanar estas partes internas, promoviendo una relación más armoniosa entre ellas. En el modelo IFS, se considera que todas las partes tienen buenas intenciones, incluso aquellas que pueden parecer disfuncionales o conflictivas. La terapia busca facilitar el diálogo entre las diferentes partes para lograr un equilibrio interno, con la idea de que el "Yo" central (o "Self") es sabio, compasivo y capaz de guiar a las partes hacia un mayor bienestar a través del amor. La IFS ofrece una manera de abordar las dificultades internas sin juzgar las emociones o los comportamientos, sino entendiendo su origen y propósito.

Para Schwartz, el "Self" es una esencia de calma, claridad, compasión y conexión. Propone una visión de la naturaleza humana, capaz de dar rienda suelta a la colaboración y a la empatía que habitan en nuestros corazones. Para él, esta terapia puede percibirse desde una óptica cristiana como "hacer en su mundo interior lo que Jesús hizo en su mundo exterior": acudir a las partes exiliadas y enemigas internas con amor, para sanarlas y llevarlas a casa, como Jesús hacía con los leprosos, pobres y marginados. Y también desde otras perspectivas, pues Schwartz sostiene que las tradiciones espirituales nos alientan a tener compasión por todo el mundo.

Como en la TCC, es recomendable esperar a tener suficiente energía para poder comenzar esta terapia.

5. Análisis Transaccional Interno

El Análisis Transaccional, desarrollado por Eric Berne[66], es una teoría psicológica que se aplica para entender las interacciones entre las personas, pero

---

[64] R. C. Schwartz, *No hay partes malas.* Barcelona, Editorial Eleftheria, 2021.

[65] https://ifs-institute.com/about-us/richard-c-schwartz-phd.

[66] https://ericberne.com/transactional-analysis.

también se puede usar para explorar los procesos internos dentro de un individuo. En este contexto, el modelo se refiere a la idea de que dentro de cada persona existen tres estados del "yo" fundamentales: Padre, Adulto y Niño. Estos estados no son roles fijos, sino maneras de pensar, sentir y comportarse en una circunstancia determinada:

— El Padre: Este estado refleja las voces internas de figuras de autoridad, como padres o maestros. En el plano interior, el "Padre" representa normas, reglas, juicios y actitudes que hemos internalizado a lo largo de la vida. Puede ser un "Padre Crítico", que critica y juzga nuestras acciones, o un "Padre Nutritivo", que nos proporciona apoyo y protección interna. En general, el "Padre" influye en cómo nos vemos a nosotros mismos en términos de lo que deberíamos o no deberíamos hacer.

— El Adulto: Este estado está relacionado con la capacidad de pensar de manera racional, lógica y objetiva, independientemente de influencias emocionales o de creencias pasadas. El "Adulto" es el estado que evalúa la realidad de manera imparcial, recopila información y toma decisiones basadas en hechos y en el momento presente. Es el yo que se adapta a las circunstancias, sin prejuicios o distorsiones de experiencias pasadas.

— El Niño: Representa las emociones, deseos y reacciones que corresponden a nuestras experiencias infantiles. Es el estado que guarda nuestra creatividad, nuestra espontaneidad, pero también puede ser la fuente de miedos, inseguridades y necesidades no satisfechas. El "Niño" interior puede ser libre y juguetón, pero también puede sentirse herido o enojado si no ha recibido el amor o la atención que necesita. Además, el Niño puede mantener patrones de conducta aprendidos en la infancia, que, si no se resuelven, pueden influir negativamente en la vida adulta.

El Análisis Transaccional Interno consiste en observar y entender cómo estos tres estados del yo interactúan dentro de una persona. Las transacciones internas, por ejemplo, pueden suceder cuando el "Padre" interno critica lo que el "Niño" hace o cuando el "Adulto" interviene para calmar una emoción del "Niño" que está fuera de control. El objetivo de la terapia es alcanzar un equilibrio entre estos tres estados del yo.

Esta terapia es apropiada para resolver dificultades concretas en las relaciones o en la toma de decisiones. El terapeuta puede adaptarla a los recursos de energía que el *burnie* tiene disponibles en un momento dado.

TESTIMONIO Y CONSEJOS
DE DOS *EXBURNIES*

Fabienne Alcaraz

Funcionaria de 55 años, en pareja y sin hijos. Trabajaba en la Comisión Europea en el momento del *burnout*, puesto en el que sigue hoy, 19 años después.

1. ¿Qué me ayudó a atravesar y a superar el *burnout*?

Lo que me ayudó a atravesar y superar el *burnout* fueron, sobre todo, las personas que me rodeaban: especialmente mi madre, algunos amigos empáticos y un psicólogo.

Tuve la suerte de no sentir dudas del amor de Dios durante este difícil periodo. Este agotamiento no era en absoluto su castigo, sino el resultado de mis malas decisiones.

2. ¿Qué consejo daría a los candidatos a *burnie*?

¡Detente a tiempo!

Yo no escuché ni a mi madre ni a mis amigos, que me advertían de que estaba llevando una vida poco saludable. No me daba cuenta de que me faltaba el aire y la paz. No escuché las voces de la prudencia, ni interiores ni exteriores, que, sin embargo, me hablaban fuerte y claro.

Todos tenemos límites. El hecho de que siempre hayas tenido la energía para ocuparte de todo no significa que en el futuro vayas a seguir teniendo esa capacidad. Tienes que aceptar que no siempre puedes cargar con todo. Aprende a decir: ¡basta!, y a tener compasión de ti mismo. Tenemos que parar de infligirnos la violencia de no escucharnos a nosotros mismos.

3. ¿Qué consejo daría a los *burnies*?

Ten confianza y sé paciente. La recuperación es larga y no lineal.

El mayor peligro es perder la esperanza durante la sucesión de "días malos" y de caer en depresión. Los "días malos" son aquellos en los que falta energía y en los que los pensamientos negativos dan vueltas y vueltas. Los "días malos" son, poco a poco, menos numerosos y menos malos, los "días buenos" son progresivamente más numerosos y mejores.

El segundo peligro es aprovechar un "día bueno" para volver a agotarse. Esto aumenta muchísimo el riesgo de que el día siguiente sea de nuevo un "día malo".

No te acerques a tus límites, aprende a detenerte antes de agotarte.

Sé amable, paciente y compasivo contigo mismo. No se trata de una cuestión de complacencia, sino de aceptación de tus propios límites, especialmente durante la convalecencia, pero también después.

Hay vida personal, profesional y social después del *burnout*, una vida más sabia y más equilibrada. Mantente firme en la prueba.

4. ¿Qué consejo daría a las personas que acompañan a otros en situación de *burnout*?

Tened confianza y sed pacientes.

Incluso si no reconocéis a la persona llena de energía a la que estabais acostumbrados, esa persona sigue estando ahí. Se encuentra en una situación de debilidad, pero sigue estando ahí.

Apoyadlo con paciencia en los "días malos", alegraos juntos de los "días buenos", disfrutad del regreso de las sonrisas y las risas.

Sarah-Jane King

Británico-holandesa, 38 años en el momento del *burnout*, jurista y funcionaria de la Comisión Europea antes del *burnout*. Actualmente, presbítera y pastora en la Iglesia anglicana.

1. ¿Qué me ayudó a atravesar y a superar el *burnout*?

Los cuidados y la atención de mi esposo, quien insistió en que visitara a nuestro médico de cabecera y me llevó personalmente a la cita.

Los cuidados de este médico, quien me proporcionó un certificado de ausencia por razones médicas para mi trabajo, así como el nombre de un terapeuta.

Los cuidados de este terapeuta, quien me escuchó y me ayudó a comprender por qué había desarrollado ciertas actitudes y comportamientos y me mostró que podía desarrollar otros nuevos.

Mis hijos pequeños, que me proporcionaron una razón para seguir adelante.

Caminar en la naturaleza.

Mi Dios, cuya bondad amorosa inquebrantable no depende de mis logros ni de mis fracasos.

2. ¿Qué consejo daría a los candidatos a *burnie*?

Párate y pregúntate si quieres o no quieres caer en el *burnout*. Sé honesto sobre el camino en el que te encuentras ahora. Tal vez estás leyendo este libro porque te has dado cuenta (u otras personas se han dado cuenta) de las señales de alerta que preceden el *burnout*. Se consciente de que tienes la capacidad de decidir y elegir sobre tu camino.

Reflexiona: ¿qué personas pueden apoyarte durante este periodo? ¿Cómo puedes pedirles y aceptar su ayuda?

Si puedes, pide la gracia de permitir que Dios sea tu refugio y tu fortaleza.

3. ¿Qué consejo daría a los *burnies*?

Descansa.

Sé amable y compasivo contigo mismo.

Luego, acepta tu *burnout* como una oportunidad para aprender. Has desarrollado un conjunto de mecanismos de funcionamiento que te han llevado hasta este punto en la vida. ¡Bien hecho, te han ayudado a llegar hasta aquí! Pero ¿es esta la manera en que quieres continuar? Sé curioso acerca del relato que te has contado sobre quién eres; sobre tus propias preferencias, tus valores, lo que realmente es importante para ti. Encuentra un buen terapeuta con quien puedas explorar todo esto.

Pide a otros que oren por ti. En tu tiempo de oración personal, descansa en el amor de Dios.

4. ¿Qué consejo daría a las personas que acompañan a otros en situación de *burnout*?

Ajusta tus expectativas sobre ellos. En este momento, no pueden hacer todo lo que solían hacer, pero recuerda que esto no durará para siempre. Solo necesitan tiempo. No los apresures.

Si oras, ora por ellos. Diles que los amas.

Ayúdalos a hacer pequeñas cosas que les traigan alegría y paz. Apóyalos de manera práctica: una amiga vino con comida para una cena (que ella cocinó) y trajo a sus dos hijos (que jugaron con los míos). Yo hablé. Ella escuchó. Oramos juntas. Fue simple y maravilloso.

AGRADECIMIENTOS

A José Manuel Cicuéndez Pérez, OMI, que me ha animado e impulsado a escribir este libro.

A Javier Melloni, SJ, Fabienne Alcaraz y Sarah Jane King por sus generosas contribuciones.

A Paco Fernández del Pozo y Ana Rodríguez Pérez por sus expertas revisiones lingüísticas.

A la artista Patty Roig, por cederme su obra para la portada del libro.

A mi marido Anders, que me ha apoyado y acompañado durante todo el camino.

Sobre la autora

Mari Sol Pérez Guevara (Madrid 1968) está casada y es madre de dos hijas. Es licenciada en Derecho (1991) y en Ciencias Económicas y Empresariales (1992) por la Universidad Pontificia Comillas. También cursó un máster en Estudios Económicos Europeos en el Colegio de Europa en Brujas (1994), becada por el Ministerio de Asuntos Exteriores.

Tras veintisiete años de trabajo en el ámbito de la Unión Europea y la superación de un *burnout*, reorientó su carrera hacia el acompañamiento espiritual y el *coaching* de personas, la poesía espiritual y el estudio de la Teología.

En 2022 obtuvo un diploma universitario como practicante de la "Terapia de Aceptación y Compromiso" (ACT) en la Universidad Libre de Bruselas. Durante ese mismo año siguió la formación de acompañante espiritual en la Iglesia católica de Bruselas. Durante el 2023 y 2024 se ha preparado para el ejercicio del *coaching* en el Centre pour la formation et l'intervention psychosociologiques en la misma ciudad. Colabora con el Jesuit European Social Center en el acompañamiento espiritual de jóvenes.

Publicó su primer libro de poesía espiritual *Inesperada luz*, en la Editorial Monte Carmelo en el 2022. Algunos de sus poemas están incluidos en varias ediciones del *Evangelio diario en la Compañía de Jesús* (Editorial Mensajero). En el 2023 publicó la traducción del poemario *Permanece en vela*, del poeta y monje benedictino francés Gilles Baudry. Ha organizado una decena de lecturas orantes de sus poemas y de poemas de Gilles Baudry en Madrid, Bruselas, Barcelona y Bilbao.

Actualmente estudia Teología en la Facultad Protestante de Bruselas. Participa en la red interreligiosa de mujeres Dialogue et Diversité.

ÍNDICE

Pastoral aplicada

1. *La oración del girasol. Oraciones para cada día del año,* JULIO MARTÍN PASTOR
2. *Subiendo a Jericó. Visión solidaria de la fe cristiana,* PATXI LOIDI
3. *Creer hoy en el Dios de Jesucristo.* Cartas pastorales de Cuaresma de los obispos de Pamplona y Tudela, Bilbao, San Sebastián y Vitoria
4. *Para que otro mundo sea posible,* MARTÍN VALMASEDA
5. *Comunidades para evangelizar,* Cartas pastorales de Cuaresma de los obispos de Pamplona y Tudela, Bilbao, San Sebastián y Vitoria
6. *Itinerario para una espiritualidad de la ternura,* TERESA COMBA / JOSEBA SEGURA
7. *Cómo trabajar con los evangelios,* PATXI LOIDI
8. *Jesús, maestro de vida. Ciclo A,* PATXI LOIDI
9. *Palabra interpelante. Ciclo A,* PEDRO OLALDE
10. Acompañar. El acompañamiento pastoral a los adolescentes en la escuela, ÓSCAR ALONSO (2ª ed.)
11. Palabra interpelante. Ciclo B, PEDRO OLALDE
12. Jesús, el Mesías escondido. Ciclo B, PATXI LOIDI
13. *Retorno a la casa del Padre,* PEDRO OLALDE
14. *Por una libertad liberada,* RAFAEL DE ANDRÉS
15. *Jesús, el Salvador. Ciclo C,* PATXI LOIDI
16. *Palabra interpelante. Ciclo C,* PEDRO OLALDE
17. *La oración de la puerta,* JUANJO FERNÁNDEZ SOLA
18. *Vivir con los niños el año litúrgico,* ANTONIO GONZÁLEZ PAZ
19. *Celebraciones en torno a los difuntos,* JESÚS GARCÍA HERRERO
20. *Celebraciones de Primera Comunión,* PEDRO OLALDE
21. *Bienaventuranzas de la vida,* MIGUEL ÁNGEL MESA BOUZAS
22. *Los evangelios y el Leccionario. Ciclo B,* JUAN MARTÍN AGUIRRE IRUIÑ
23. *Vivir de la eucaristía: las celebraciones dominicales en ausencia de presbítero,* JESÚS FERNÁNDEZ GONZÁLEZ
24. *Los evangelios y el Leccionario. Ciclo C,* JUAN MARTÍN AGUIRRE IRUIÑ
25. *Sendas de vida con los jóvenes,* JOSÉ LUIS PÉREZ ÁLVAREZ
26. *Celebraciones de bodas y bautizos,* PEDRO OLALDE
27. *Los evangelios y el Leccionario. Ciclo A,* JUAN MARTÍN AGUIRRE IRUIÑ
28. *¡Hola, alegría; bienvenida, libertad!,* JUAN ANTONIO ADÁNEZ